两宋春秋

姜若木 编著

LIANGSONG

CHUNQIU

中国书籍出版社
China Book Press

图书在版编目(CIP)数据

两宋春秋/姜若木编著.--北京：中国书籍出版社，2021.5

（点读历史书坊）

ISBN 978-7-5068-8307-8

Ⅰ.①两… Ⅱ.①姜… Ⅲ.①中国历史—宋代—通俗读物 Ⅳ.①K244.09

中国版本图书馆CIP数据核字（2021）第001346号

两宋春秋

姜若木　编著

责任编辑	卢安然　王　淼
责任印制	孙马飞　马　芝
封面设计	小众书坊
出版发行	中国书籍出版社
地　　址	北京市丰台区三路居路97号（邮编：100073）
电　　话	（010）52257143（总编室）　（010）52257140（发行部）
电子邮箱	eo@chinabp.com.cn
经　　销	全国新华书店
印　　刷	三河市顺兴印务有限公司
开　　本	710毫米×1000毫米　1/16
印　　张	14.25
字　　数	182千字
版　　次	2021年5月第1版　2021年5月第1次印刷
书　　号	ISBN 978-7-5068-8307-8
定　　价	49.80元

版权所有　翻印必究

前 言

宋朝是一个值得我们特别关注的时代。它在经济、文化、科技上都创造了光辉的成就,现代学者普遍认为,两宋在物质与精神两方面的成就都达到了前所未有的高度。史学家陈寅恪说:"华夏民族之文化,历数千载之演进,造极于赵宋之世。"英国史学家汤因比则说:"如果让我选择,我愿意活在中国的宋朝。"连当代文化学者余秋雨都说:"我最向往的朝代就是宋朝!"可见宋朝的魅力。

宋代的历史分为北宋和南宋两个时期,共历时319年。北宋从公元960年至1126年,建都开封,历时167年。南宋从公元1127年至1279年,建都商丘(后迁都杭州)。公元1279年,元军攻破崖山,陆秀夫背着帝昺投海,南宋正式灭亡,历时152年。

宋朝是一个以汉族为主体的封建王朝。北宋时期,它横跨长江和黄河两大流域,幅员宽广。但在人们的印象里,宋朝没有秦汉的霸气,也缺乏隋唐的豪气,这与宋朝皇帝们的政治表现是分不开的。

宋太祖皇帝南征北战，不仅使刚刚建立的宋王朝站稳了脚跟，还在统一全国的道路上迈出了重要的步伐。宋太宗时降服了南方的割据势力，并灭掉北汉，终于将五代十国归于一统。但他在收复燕云十六州时却遭遇了巨大挫折，败于辽军手下。从此，在面对北方强敌的时候，北宋皇帝们都处于守势，最后终于被逐渐强大的金国所灭，甚至宋徽宗、宋钦宗都被金人掳去。南宋的皇帝们更是只想着偏安南方，只要"种"好江南的一块"肥田"就好，只为富国，却并不强兵，更不想去光复中原。在金国为蒙古所灭后，南宋也和北宋一样，走上了被北方游牧民族灭亡的道路。

虽然宋朝的皇帝们在军事上的表现并不怎么样，但他们搞经济却非常有一套。中国古代社会向来以农为本，统治者都是采取重农抑商政策，但宋朝却不是这样。太祖就让大臣们"多积金，市田宅以遗子孙，歌儿舞女以享天年"，太宗也让人"议政丰之术以闻"，神宗时更是"政事之先理财为急"，重视经济的思想一直被宋朝的各个皇帝所贯彻。宋朝改变了以往统治者重刑法而轻民法的做法，专门施行了盐法、酒法、茶法等经济方面的专卖法令，是中国古代经济立法最为活跃的一个时期。工商业的迅猛发展更是使宋朝出现了世界上最早的纸币（交子）银行，可以贷款及异地付款。北宋时期开始大量开采金、银、铜、铁、煤等矿藏，而且出现了造船厂、造纸厂、印刷工厂、织布厂、火器厂等专门的加工工厂，手工业空前发展。宋代城市经济的发展已经突破了"坊制"，以前城市中住宅区与商业区分隔的状况得到了改变，大的城市如开封和杭州都达到一百万人口规模。

在经济发展的同时，北宋的文化呈现出高度繁荣的景象。诗词、歌赋、杂技、戏曲、民间音乐、小说、书法、绘画、建筑等艺术在宋代得到了高速发展，涌现出众多独领一代风骚的名士，如苏轼、欧阳修、范仲淹、王安石、沈括、辛弃疾、朱熹、李清照等，唐宋八大家中就有六位是宋朝人。"词"从唐末兴起，到宋达到全盛，宋词与唐诗并称于世。宋代的绘画艺术达到了极高的艺术水平，著名的《清明上河图》就是北宋画家张择端根据东京汴梁的繁华胜景创作的。文人在宋代受到了高度重视，也正因为此，宋代产生了新儒学，即理学，对以后中国文化的发展产生了深远的影响。宋代文化的高度发展还表现在市民阶层的成熟上，有着巨大需求的平民文化得到了蓬勃发展。皮影戏、滑稽剧、杂技、傀儡戏、杂剧、说话(话指故事)等受到民众的热烈欢迎，而宋时兴起的话本，更是为明清白话小说开了先河。宋代的茶文化别具特色，木雕、竹刻、漆器、碑帖、印章等也都有极高的造诣，从当时的印刷出版业中逐步发展成熟的宋体字更是沿用至今。

宋代的科技成就同样令人瞩目，中国古代的四大发明中有三项是在宋代产生的，宋代还是中国天文学和数学等学科发展的重要时期，房屋、桥梁等建筑艺术更是在宋代达到了前所未有的水平。

然而，在经济、文化、科技等都高速发展的时候，为什么宋代还是会积弱积贫，以致被迫放弃广大的中原地区而迁至江南，并最终被蒙古铁骑所灭呢？这就需要我们深入地了解宋代这段历史才能够做出解答。

回味历史，以史为鉴，更好地了解历史，我们才能更好地面对未来。

目 录

第一章 赵匡胤开创大宋基业 ……………………… 1

一、都点检黄袍加身 …………………………… 3
二、杯酒释兵权 ………………………………… 8
三、内平叛乱　外拓疆域 ……………………… 12
四、李后主亡国 ………………………………… 17
五、宋太祖的"祖宗家法" …………………… 22

第二章 宋太宗守内虚外 …………………………… 31

一、太宗登基之谜 ……………………………… 33
二、没有完成的统一事业 ……………………… 38
三、杨家将一门忠义 …………………………… 43
四、赵普：半部论语治天下 …………………… 49
五、寇准：刚正不阿的宰相 …………………… 55

第三章 用银绢换来的和平岁月 …………………… 63

一、澶渊之盟 …………………………………… 65
二、真宗的造神运动 …………………………… 70
三、仁厚的仁宗皇帝 …………………………… 75

第四章　维新派的强国之梦 …… 81

一、先天下之忧而忧 …… 83

二、王安石变法 …… 88

第五章　北宋时期的农民起义 …… 97

一、王小波"均贫富" …… 99

二、方腊起义 …… 104

第六章　北宋朝廷倾覆 …… 111

一、大太监童贯 …… 113

二、李纲抗敌 …… 118

三、靖康之祸 …… 124

第七章　南宋军民抗击外侮 …… 131

一、宋室南迁 …… 133

二、出师未捷身先死 …… 138

三、撼山易，撼岳家军难 …… 143

第八章　偏安江南的朝廷 …… 149

一、钟相、杨幺起义 …… 151

二、坐在太师椅上的奸贼 …… 155

三、钻进钱眼里的张俊 …… 158

四、皇帝让给儿子做 …… 162

五、史弥远专权 …… 166

第九章 宋室覆亡 ……………………………………………… 171

一、贾似道误国 ……………………………………… 173
二、孤儿寡母失国 …………………………………… 179
三、留取丹心照汗青 ………………………………… 183

附录一 蔚为大观的词文化 …………………………………… 189

一、柳永：市井新声 ………………………………… 191
二、苏轼：铜琶铁板，千古风流 …………………… 192
三、秦观：婉约的居士 ……………………………… 194
四、周邦彦：词家之冠 ……………………………… 195
五、李清照：帘卷西风，人比黄花瘦 ……………… 196
六、陆游：小太白 …………………………………… 198
七、辛弃疾：呼唤英雄 ……………………………… 199
八、散文的第二次中兴 ……………………………… 201

附录二 宋代的科技与建筑 …………………………………… 203

一、三大发明与科技新成就 ………………………… 205
二、宋代的建筑 ……………………………………… 207

附录三 宋朝历代皇帝年表 …………………………………… 209

丛书参考文献 …………………………………………………… 215

第一章

赵匡胤开创大宋基业

赵宋王朝兵变始，五代十国归一统。

一、都点检黄袍加身

唐朝灭亡以后，中原地区藩镇割据，先后出现了后梁、后唐、后晋、后汉和后周五个朝代，史称"五代"。这些朝代最长的撑了十七年，最短的只持续了五年。同时，中国南方和山西地区先后出现了吴、南唐、吴越、楚、闽、南汉、前蜀、后蜀、南平、北汉等小国，史称"十国"。全国性的统一局面始终没有形成。由于割据势力之间互相攻战，人民饱尝了战乱的苦难，都盼望着国家统一，生活早日安定下来。后周名将赵匡胤正是在这样一个战乱频发的时代，发动陈桥兵变，建立了大宋王朝。

公元927年，赵匡胤出生在洛阳的一个将门世家。他的曾祖父、祖父都在唐王朝做过官。可是当赵匡胤降生的时候，大唐帝国早已灭亡了二十年，他的父亲赵弘殷受到后唐皇帝庄宗的赏识，被提拔为飞捷指挥使（骑兵军官），但此后就官运不济，朝代更换了两次，皇帝更迭了五人，赵弘殷都没能得到升迁。

在战乱的环境里，许多胸怀大志的人都会选择在军队里建功立业，赵匡胤也不例外，特别是在家庭的熏染下，他从少年时代就已经无心于科举功名，而是努力练习骑术和射箭，希望日后能够进入军队，成就一番大事业。

后汉时，赵匡胤应募投到后周太祖郭威的帐下。赵匡胤不仅善于骑射，而且颇有谋略。他作战时英勇顽强，立下不少战功，受到郭威重用。郭威有一个外号叫"郭雀儿"，赵匡胤来到他帐下不久，他就发动兵变推翻后汉，建立后周王朝，自己做了皇帝。赵匡胤积极支持郭威发动兵变，因此在后周朝廷受到很大信任。

后周世宗柴荣即位后，对赵匡胤更加重用，提拔他为殿前都指挥使。周世宗柴荣是一个胸怀大志的人，有着统一天下的雄心，他一方面在后周王朝内加紧进行内政改革，一方面筹划着如何武力统一天下。赵匡胤是柴荣统一事业中不可缺少的一名心腹干将。

高平之战，北汉主刘崇联合辽人进攻后周，周世宗率军亲自迎敌。在高平之战中，赵匡胤赤膊上阵，突入敌营，他带领士兵勇猛冲杀的劲头极大地鼓舞了士气，从而扭转了不利的战局，使后周取得了最终的胜利。高

陈桥兵变遗址

平之战后，后周政权站稳了脚跟，势力也由弱变强。赵匡胤更为周世宗所器重，很快他就被世宗擢升为殿前都虞侯，掌握禁军。赵匡胤也通过高平之战，提高了自己在军队中的威望，并增强了自己的势力，这为他日后依靠禁军夺取后周政权奠定了坚实的基础。

公元955年，周世宗讨伐后蜀。已经是禁军高级将领的赵匡胤不顾个人安危，深入前沿调查部署，率军一举占领后蜀大片土地。第二年，周世宗亲征南唐，赵匡胤紧随其右，这次征讨以南唐臣服并献出江北十四个州土地结束。由于赵匡胤在这次战役中战绩突出，世宗封他为定国军节度使，兼殿前都指挥使（禁军统帅）。

赵匡胤是一个富有组织能力的人。从任殿前都虞侯开始，赵匡胤就在禁军和藩镇中培植自己的势力，他和杨光义、石守信、王审琦等人结拜为义社十兄弟，这些人都是在禁军和藩镇中拥有实权的人。赵匡胤还搜罗了赵普等一批人做幕僚，为自己出谋划策。他对部下恩威并施，使手下的士卒将领都服服帖帖。由于他的赫赫战功和出色的政治手腕，赵匡胤的威望日益提高。

周世宗是少有的英明君主，在他活着的时候，赵匡胤不敢轻举妄动。不过世宗也不是没有缺点，他这个人疑心很重，时时担心别人会夺取自己的皇帝宝座，赵匡胤就利用他的这一弱点来进一步扩大自己的势力。959年，世宗亲征辽国。赵匡胤派人秘密地在进军途中埋设题有"点检作天子"的木牌，当时任殿前都点检的是周太祖郭威的女婿张永德。世宗在见到这个木牌后果然对张永德产生了戒心。这次征辽由于世宗突然病重而匆匆结束。回来后，世宗为保住柴氏皇位代代相传，撤掉了张永德都点检一职，提拔他认为可靠的赵匡胤任殿前都点检。赵匡胤就这样通过一块木牌就轻而易举地掌握了禁军的最高指挥权。

世宗不久病死，他年仅七岁的儿子柴宗训即位。临死时，世宗满含眼泪地拉着宰相范质的手，将自己年幼的儿子托付给他，心中是一百个不放心。所谓"主少国疑"，特别是在那个战乱不断的年代，柴宗训这样一个小孩很难控制政权。世宗一死，赵匡胤施展抱负的机会便来了。

第二年正月初一，即后周显德七年（960），后周宫廷正在欢庆新年，忽然接到北方紧急军情，称北汉和辽国的军队联合南下，攻打后周。主政的符太后毫无主见，请宰相范质定夺。赵匡胤在当时已握有实权，范质也只能请他出来救国于危难。不料，赵匡胤却推脱兵少将寡，不能出战，范质只得授命赵匡胤可以调动全国兵马。

正月初三，是赵匡胤出军之日，军中突然出现了传言，说天空出现了两个太阳，二日磨荡，乃改朝换代之象，一时间军心思变。大军离开东京不久，城内又传起了一阵谣言，说都点检赵匡胤将做天子，多数人都不信，朝中文武百官更是谁也不敢相信。

赵匡胤统率大军走到陈桥驿（今河南封丘东南陈桥镇）就停了下来。这天晚上，赵匡胤在大帐中喝了许多酒，酒醉后昏沉沉地睡去。他的亲信赵普和他的弟弟赵匡义等人开始在将士中散布言论，说："今皇帝幼弱，不能亲政，我们为国效力杀敌，可是又有谁能知道？不如先拥立赵匡胤为皇帝，然后再出发北征。"将士的兵变情绪很快就被煽动起来。

第二天一早，陈桥驿四面突然喊声大起，声震四野。赵匡胤装作酒醉刚醒的样子，急急忙忙走出帅帐查看情况，只见外面早已站满了手执武器的将领。众将见赵匡胤出来，齐声高喊："诸将无主，愿推点检做天子。"然后，一拥而上，把赵匡胤拥进帅帐。赵普和赵匡义一看时机已经成熟，便授意将士把事先预备好的皇帝穿的黄袍披在赵匡胤身上。然后众将一齐跪下，高呼"万岁"，呼喊万岁的声音几里外都能听到。

被推为皇帝的赵匡胤本人是一副被迫无奈的样子，他说："你们自己贪图富贵，立我为天子，那就必须听从我的命令，不能滥杀无辜，要不然我可不能当你们的君主。"众将跪在下面一齐表示唯命是从。

"兴王易姓，虽云天命，实系人心"，赵匡胤深知这一道理。要使这次政变成功，必须吸取以往兵变中大肆杀人的历史教训，安抚后周君臣，减少阻力，争取采用和平的手段完成政权移交。他随后向将士宣布，要求他们军纪严明，秋毫无犯，回开封后，对后周的太后和小皇帝不得侵犯，对后周的公卿不得欺凌，对朝市府库不得侵掠，服从命令者有赏，违反命令者族诛。将士唯唯听命。

守卫都城的禁军将领石守信和王审琦都是赵匡胤的义社兄弟，当他们知道兵变成功的消息后，便打开城门接应。当时在开封的后周禁军将领中，只有侍卫亲军马步军副都指挥使韩通想率兵抵抗，但由于时间仓促，他还没有能够召集军队，就被军校王彦升杀死了。赵匡胤率领将士兵不血刃就控制了都城开封。

后周宰相范质、王溥等人知道了兵变的消息，也是束手无策，无可奈何，只能在赵匡胤来到之后跪拜新的天子。当着文武百官的面，赵匡胤哭着说自己不愿当皇帝，可是手下的大将却亮出兵刃以死相逼，他也没有办法。接着，翰林学士陶毂拿出事先拟好的禅位诏书宣读了一遍，宣布周恭帝退位，并封为郑王，尊太后为周太后，大赦天下。赵匡胤正式升崇元殿，登上皇帝宝座，改元"建隆"。由于他在后周任归德军节度使的藩镇所在地是宋州（今河南商丘），于是就以宋为国号，定都开封。

宋朝的官方史书声称赵匡胤在陈桥兵变之前是没有预谋的，但是这些记述并不可信，因为赵匡胤即位后就没有再出征，说辽兵已"自行遁去"，这显然不会是事实。另外，《辽史》中也没有提到那年有针对后周的联合军事行动。况且，京师在兵变不久前就有"点检作天子"的传闻，黄袍也是早就预备好的，禅位诏书更是事先草拟，这些事实都说明陈桥兵变是一起事先有预谋的军事政变。

二、杯酒释兵权

赵匡胤以陈桥兵变轻易夺得后周政权，他担心别人也会用同样的手段迫使他禅位。如何才能使赵宋王朝长期延续下去，不再成为五代之后的第六个短命王朝呢？这是这位太祖皇帝必须面对的一个问题。

从一个小军官升到殿前都点检，又从殿前都点检跃上皇帝宝座的赵匡胤，深知兵权的重要性。他吸取后周灭亡的教训，一登上皇位就加强了对禁军的控制。

建隆元年（960）末，宋太祖平定了李筠及李重进两个节度使的叛乱。一天，他突然召见赵普，问道："从唐末以来，短短几十年间，帝王却换了八姓，争战无休无止，百姓处于水深火热之中。我想要从此息天下之兵，使国家长治久安下去，你有什么好的办法吗？"

宋太祖赵匡胤像

聪明的赵普早就思考过这些问题，他对宋太祖说，问题的症结在于唐亡几十年间藩镇割据，臣子的力量太强而君主的力量太弱。治理的办法只能是削夺这些臣子的权力，将他们掌握的精兵赋税收归中央，之后天下自然就安定了。宋太祖对赵普的话连连称是，说："我明白了，明白了。"

建隆二年（961），赵匡胤将殿前都点检镇宁军节度使慕容延钊罢免后任命为山南东道节度使，侍卫亲军都指挥使韩令坤罢免后任命为成德节度使。因为殿前都点检是赵匡胤黄袍加身前担任过的职务，从此不再设置。由石守信接替韩令坤任侍卫马步军都指挥使。

石守信等人既是赵匡胤的好朋友，又在陈桥兵变中立下大功，这时升了官，又执掌重兵，不免会有些得意非凡。起初宋太祖以为他们都是自己的故友，并不介意。赵普却不这样认为，他数次进言说："臣也不担心他们会背叛陛下，但是我觉着他们不能有效地统率部下。如果他们的部下贪图富贵，万一将来有一天这些部下起来拥戴他们，那他们恐怕也会不由自主啊。"这些话着实提醒了宋太祖。为避免陈桥事变重演，太祖皇帝开始采取措施解除这些禁军高级将领的兵权。

一天晚朝后，宋太祖把石守信、高怀德等禁军高级将领叫住，留下来喝酒。君臣几个相谈甚欢，当酒兴正浓的时候，宋太祖突然屏退侍从，他深深地叹了一口气，说道："若不是靠你们帮忙，我是做不了皇帝的，为此我从内心念及你们的功劳。但你们哪里知道，做皇帝也有做皇帝的难处啊，有时我觉着还不如做节度使快乐。不瞒诸位，这一年来我每到晚上都不敢安枕而卧啊！"石守信等人非常惊骇，忙问其中的原因，太祖接着说："这还不显而易见吗？我这个皇帝的位置天下人谁不想要啊！"

石守信等人一听，知道皇上话中有话，连忙叩头道："陛下何出此言，现在天命已定，谁还敢对陛下三心二意啊！"太祖说："不是这样，我知道你们肯定是没有异心的，但你们部下都想要富贵，如果哪一天他们把黄袍加在你的身上，你即使不想当皇帝，到时恐怕也会身不由己了。"

听了赵匡胤这一席话，石守信等人惊恐万分，他们知道皇上已经开始对他们有了猜疑，如果这件事处理不好，很有可能招致杀身之祸。于是他们一齐跪在地上哭了起来，恳请太祖皇帝为他们指明一条"可生之途"。

宋太祖缓缓说道："人生在世，短促如白驹过隙，真正想要得到富贵的人，都应该多多地聚敛金钱，使子孙后代都能免于贫乏。你们不如放弃兵权，多置办一些良田美宅，为子孙后代留下基业。再多买些歌女舞女，日夜饮酒寻欢，以终天年。我们君臣之间也就没有了猜疑，上下相安，这是一件多好的事啊。"

石守信等人这才明白过来，一个个拜俯于地，嘴里不住称颂太祖恩德，感谢皇上为自己想得如此周全。第二天，石守信、王审琦、高怀德、张令铎等一齐上表称自己年老多病，要求解除兵权。宋太祖欣然同意，罢去他们的禁军职务，并多多地赏赐财物，还任命他们为节度使，可是又不让他们到地方上赴任，只待在京城，过着只拿俸禄不管实事的悠闲生活。同时，太祖皇帝废除了殿前都点检和侍卫亲军马步军都指挥司，禁军分别由殿前都指挥司、侍卫马军都指挥司和侍卫步军都指挥司，即所谓三衙统领。太祖选了一些资历浅、个人威望不高、容易控制的人来掌握三衙，这使得皇帝本人对军队的控制大大地得到了加强。

为了"安抚"被释去兵权的石守信等人，太祖皇帝不仅向他们赏赐大量钱财，而且和他们"约婚以示无间"。宋太祖将寡居在家的妹妹燕国公主嫁给了高怀德，而将女儿延庆公主和昭庆公主分别下嫁石守信之子和王审琦之子，张令铎的女儿则嫁给太祖三弟赵光美。

通过"杯酒释兵权"，宋太祖成功地控制了中央军力，可是地方上的一些拥有重兵的节度使还是不能够让他放心。

过了一段时间，宋太祖令这些节度使到京城来朝见，并在御花园为这些老臣举行宴会。他说："诸位都是国家的功臣，我知道藩镇的事务现在非常繁忙，在这时候还要大家干这种苦差事，我心里非常过意不去啊。"

有些节度使立马想到石守信等人喝酒时被解除兵权的事，就非常识相地接口说："其实我们本也没什么功劳，现在留在这个位子上，实在已有些不太胜任，希望陛下能够恩准告老还乡。"有一个节度使却非常不知趣，不停地夸耀自己曾经立下了多少战功。宋太祖听着就皱起了眉头，轻轻地

宋·汴河客船

喝道："这些陈年老账你现在还提它干什么？"

最后，宋太祖在第二天就将这些节度使的兵权全部解除了。

兵权收归中央以后，宋太祖还建立了新的军事制度。如从地方军队挑选出精兵，编成禁军，由皇帝直接控制；各地行政长官也由朝廷委派，等等。通过这些措施，新建立的宋王朝避免了长期的内部纷争，开始逐渐稳定下来。

三、内平叛乱　外拓疆域

赵匡胤在开封坐上龙椅之后，实际上也就是控制着京城一带。后周沿袭唐朝的旧制，任命了许多节度使，他们都拥有重兵和自己的税收，在地方上具有很强的实力。这些节度使和赵匡胤一样，都是武将出身。在赵匡胤称帝之前，他们之间称兄道弟，有的甚至还是赵匡胤的前辈。而赵匡胤登基之后，情况就大不相同了，这其中不免会有些人心生不服。

对于这些节度使的情况，赵匡胤心里当然清楚。为此，赵匡胤特意将他们召来，一人一匹快马，并佩戴了弓箭，皇帝本人也不带随从，一行人来至郊外一处树林，坐下喝酒。赵匡胤站起来，从容地说："现在此地没有别人，如果你们中有谁想做皇帝就可以杀了我。"这些人听后吓得匍匐在地，赵匡胤连问了几次，都无人敢应声。赵匡胤于是喝道："既然你们拥戴我做了皇帝，那以后就要恪守臣节，谁要再敢骄横，定当不饶。"赵匡胤恩威并施，终于收服了这些人。

不过，地方节度使中也有个别不听话的，比如潞州节度使李筠。他出生于太原，年轻时勇健有力，擅长骑射，后唐时应募为禁卫军，由于作战勇猛，他不断得到提拔。后汉时李筠已升为博州刺史。郭威发动兵变，以周代汉时，李筠和赵匡胤一样，积极拥立郭威，成为开国功臣。周世宗柴荣即位后，李筠自恃其盘踞上党（今山西长治地区），辖有山西大片土地，居太行之脊，锁河北河南之安危，经常截留中央赋税，并大肆招纳亡命之徒于帐下。世宗念他是先帝旧臣，倍加忍让。

赵匡胤即位后就派使臣去拉拢李筠，并许他加官晋爵。但李筠并不领情，当时就要抗诏不从，在部下的苦劝之下，他才勉强下跪接诏。但在当晚设宴款待朝廷使节时，李筠突然命人捧上周世宗的画像，当着宋使的面拜倒在像前，痛哭流涕。

北汉国主刘钧听说李筠对宋心存异志，就派人送信，约他起兵反宋。此时，图谋反宋的淮南节度使李重进也派了亲信翟守珣北上，找李筠商谈共同向宋进军的事宜。李重进没有想到翟守珣是个深明大局的人。翟守珣希望国家统一，人民能够安居乐业，于是在途经开封时，他向赵匡胤告密。为了避免两面受敌，赵匡胤随即派翟守珣回扬州，劝说李重进"养威持重"，不要轻易刀戈相向。

建隆元年（960）四月，李筠在潞州（今山西长治）树起了反宋旗帜。他发布宣战檄文，数说赵匡胤篡周的罪状，句句都戳到了赵匡胤的痛处。赵匡胤知道，如果不能平定李筠的反抗，那后周的地方势力对新建立的宋王朝就不可能心悦诚服。他决定亲率大军出战，尽快消灭李筠势力。

李筠派使者到北汉，表示愿意纳款称臣，请求其派兵援助。北汉王刘钧见到书信，亲自率兵南下，至太平驿（今山西长治西北）与李筠相会。哪知李筠见到刘钧仪卫寡弱，没有帝王气象，心中就十分懊悔。他虽然以臣礼拜见汉主，却口口声声称决不负柴氏旧恩。刘钧与周世宗之间是有世仇的，见李筠这样的表态，心里自然是非常不痛快。这两人互相猜疑，两支军队自然也就不能协同作战了。

李筠自以为是周朝的老将，京师禁军又多是他的同僚或部下，心想所到之处，宋将必将倒戈相迎，实际上却不是那么回事。

五月初五，赵匡胤在长平大破李筠军队，斩首三千，首战告捷。为防李筠败退至泽州（今山西晋城），赵匡胤亲率大军向前推进。太行山地区路窄石多，不便大军行动，赵匡胤以身作则，边走边将道路上的石头放在马背鞍上搬运开，众将士自然也不敢怠慢，只用一天的时间就开拓出一条大路。宋军进展神速，在泽州南大败李筠3万多人。同时，宋军又在激战中消灭了北汉的数千名援兵，斩监军使卢赞，擒河阳节度使范守图。李筠率领残军退至泽州，宋军紧追不舍。为一举拿下泽州，赵匡胤组织了"敢死队"强行登城，泽州城破，李筠投火自焚而死。接着，赵匡胤又攻下潞州（今山西长治），李筠之子李守节投降。

拿下泽州后，赵匡胤接着任命

宋·鎏金银八角杯

石守信为扬州行营都部署，兼职扬州行营府事，与王审琦一起讨伐淮南节度使李重进。赵匡胤乘舟顺汴河东下，在泗州（今安徽泗县）登陆，直抵扬州。此时，宋军石守信、王审琦等部已包围扬州，赵匡胤亲赴前线督战，一举将城攻破。李重进及家人在扬州城中自焚而死。

在平定了二李的叛乱之后，各路节度使不敢再轻举妄动，纷纷听从赵匡胤的调遣，宋王朝在原来后周的领土上稳定了局势。

虽然内部政局得到了平定，但是在宋的辖区外，北边有实力强盛的辽国和辽国控制下的北汉，南方有吴越、南唐、荆南、南汉、后蜀等割据政权。除去了境内的心腹之患以后，赵匡胤便把目光投向了境外。实际上，他是要把周世宗统一中国的宏图大业继续进行下去。最初，他想首先收服北汉，但朝内的文武官员却不赞成，认为这样做会遭到强盛的辽国的进犯，这对于新建立的大宋王朝来说，有害无利。

在一个大雪纷飞的夜晚，赵匡胤突然走访赵普。在听了赵匡胤说"欲收太原"的话后，赵普沉吟良久，然后说："如果先削平南方诸国，之后再攻北汉，到那时，区区弹丸之地，已尽在掌握中。"赵匡胤听了非常高兴，这正是他这次夜访赵普所要的答案，于是一个先消灭南方各个割据势力，后消灭北汉的统一战争的战略方针就确定了，即所谓"先南后北""先易后难"的方略。

建隆三年（962）九月，割据湖南的武平节度使周行逢病死，他年幼的儿子周保权继承其位，其下大将张文表盘踞衡州（今湖南衡阳），乘机起兵造反，发兵攻占了潭州（今湖南长沙），企图取而代之。周保权一面率军抵挡，一面派人向宋求援，这就给宋太祖扫平荆湖提供了一个很好的出兵机会。

宋太祖调遣兵将以讨伐张文表的名义从襄阳（今湖北襄阳）出兵湖南。当时宋军挺进湖南，要经过荆南节度使高继冲割据的地方。北宋早就已经探明，这个高继冲只有3万军队，且国内政事混乱。乾德元年（963），宋军兵临江陵府，要求架道过境，高继冲束手无策，仓皇出城迎接。等他再次回到江陵城的时候，发现宋军已经布满了大街小巷，他只好捧出三州十七县的图籍，表示归顺宋朝。

此时，湖南军队已经打败了张文表的叛军。宋军却不管这个，继续向湖南进发，周保权这才意识到此次宋军其实是冲着自己来的，他赶忙组织军队固守于朗州城，但无奈大势已去，朗州很快城破，湖南全境落入宋军手中。周保权躲到澧水南岸的一个寺庙里，最终也被宋军渡江擒获。

乾德二年（964）十月，宋太祖以后蜀主孟昶暗中与北汉勾结企图夹击北宋为借口，任命王全斌为统帅，率兵6万分两路向后蜀进军。一路由王全斌、崔彦进率领自剑门（今四川剑阁北）入蜀，一路由刘光义、曹彬率领从三峡入川。

此时的后蜀君臣还在"天府之国"肆意挥霍。国主孟昶宠幸花蕊夫人，不理军政，手下大臣更是不择手段地搜刮民脂民膏。蜀军士气低落，全无斗志。在宋军的凌厉攻势下，蜀军三战三败，成都很快就落入宋军的包围之下。乾德三年正月，孟昶出城向宋缴械投降，后蜀灭亡。

在大军攻击后蜀之前，太祖就派人在汴水边造了五百间房，说这是专为蜀主一家预备的。蜀主一家被押到汴京以后，太祖果然安排他们在那五百间房的府第中住了下来。不过孟昶没在那儿住上几天，就不明不白地死去了。

消灭后蜀之后，宋军将下一个进攻的目标对准了南汉。开宝三年（970）十一月，赵匡胤命潘美为统帅，大举进攻南汉。南汉后主刘鋹负隅顽抗，但南汉许多优秀的将领都已经被刘鋹残杀，掌握兵权的几个宦官根本不知如何打仗。南汉原有的大多数军事设施也都已经毁坏失修，无法用来阻挡宋军的进攻。潘美率领宋军很快就攻陷了贺、昭、杜、连、韶等五州，大败南汉军十余万于莲花峰下。至次年二月，进抵广州，最后，刘鋹也只能像后蜀主那样走出都城向宋军投降，至此，南汉宣告灭亡。

四、李后主亡国

宋太祖在决定了"先南后北、先易后难"的统一方略后，花了大约十年的时间，先后出兵消灭了南平、后蜀、南汉等八个小国。这样一来，南方的"十国"中就只剩下南唐和吴越两国了。

南唐是"十国"中最大的一个割据政权，那里土地肥沃，在"五代十国"的割据局面中也没有像中原那样遭到战争的破坏，因此经济繁荣，国力强盛。但是南唐的国主在政治上却显得十分昏庸无能，并没有将经济上的优势转化成强盛的武力。

南唐后主李煜的词作千百年来为人传诵，他对诗词、音乐、书画都十分精通，他的父亲李璟也具有较高的文学才能。但是作为一个政治家，他却非常失败。

虽为大国，南唐在对北宋的关系中一直采取低姿态。赵匡胤一登皇位，唐主李璟就派使者送来金帛朝贺。后来在平定李重进叛乱时，亲征至扬州，李璟又派大臣冯延鲁带着财物来犒劳宋军。太祖非常傲慢，责怪南唐帮助叛军。冯延鲁不卑不亢，说正是因为南唐没有帮助叛军，所以他们才失败的。太祖有些生气，说："将军们现在都劝我渡江南下，你说怎么样啊？"冯延鲁非常镇静，说："陛下神武，统领大军前来，我们小小的唐国哪里敢抵抗。但我们国主还有亲兵侍卫数万人，愿凭长江之险，与国主同生死！"那时，宋朝基业未稳，宋太祖也只是出言试探，他呵呵地笑着对使者说："我只是跟你开个玩笑罢了，你不要在这里胡说八道。"

灭亡南汉之后，北宋就开始加紧备战进攻南唐。此时，南唐李璟已死，李煜即位。李煜已感觉到了危险，但他仍然每年向宋朝缴纳大量贡赋，更是上表宋太祖，主动要求削去唐国主称号，改称江南国主。李煜词写得好，为人也并不愚笨，他知道恭顺并不能买来平安，但是又清楚自己没有力量与赵匡胤对抗，他只求能够尽量拖延灭亡时间，并不在军事政治等方面进行救亡的准备。

开宝七年（974），宋太祖认为出兵南唐的准备工作已经就绪。为了师出有名，他下诏要南唐后主李煜亲自到开封朝拜。李煜是个胆小的人，害怕被宋扣留，不敢前往。这一年九月，太祖令曹彬为统帅，潘美为都监，率水兵、步兵进攻南唐。

曹彬从荆南带领水军沿江东下，很快就占领了池州（今安徽贵池），进驻采石矶（今安徽马鞍山）。潘美带领的步兵到了江北，被滔滔江水挡住了去路。宋太祖对此早有准备，他命人造了数千艘黄黑龙船，并准备了大量巨竹，利用竹子将大船绑在一起，搭成浮桥，步兵就可以像走在陆地上那样顺利过江了。潘美到达江边之后，马上派人依旨赶造浮桥。

曹彬像

宋军南下并没有耽误后主李煜的宴饮，他仍然像往常一样和大臣们一样躲在金陵的宫殿里喝酒。当听说宋军要搭设浮桥渡江时，李后主便问周围大臣这可如何是好。有大臣说："自古以来，就没有听说过有搭浮桥过江的，他们这件事肯定是办不成的。"听后，李煜端了酒杯，哈哈大笑说："我早就说过他们只不过是小孩子闹着玩罢了。"

李煜没有想到，宋军只用了三天的时间就搭好了浮桥，潘美率步兵沿浮桥顺利跨过长江天险。面对渡江而来的宋军，南唐守将屡战屡败。第二年二月，宋军已开至秦淮河边，和南唐的十万水陆守军对垒。宋朝大军势不可挡，在潘美的带领下冲入江南兵大营，并乘机放了一把火，致使南唐的十万主力大败而逃。

宋军已至金陵城下，后主李煜却还蒙在鼓里，仍然和往常一样在后宫中和一批和尚道士诵经讲道。一天，他偶尔到城头上巡视，发现城外到处飘扬着宋军旗帜，这才大吃一惊，明白江宁（今江苏南京）已经成了一座孤城。

李煜回宫以后，派能言善辩的大臣徐铉前往东京去求和。徐铉见了宋太祖说："李煜无罪，以小国服从大国，待陛下就像儿子待父亲一样孝顺，从没有过过失，陛下为什么还要讨伐他啊？"

宋太祖冷冷地反问他："那么你说父亲和儿子能分成两家过日子吗？"

徐铉依然不停地分辩，太祖按住宝剑，怒气冲冲地朝着他骂道："你还不快给我住嘴。李煜没有什么罪，但现在是天下一家，我的床边怎么能容忍其他人在酣睡！"

徐铉只能惶恐地回到江宁。李煜知道求和已经没有了希望，于是连忙从湖口调来十五万大军，试图解金陵之困。兵到皖口（今安徽安庆），与宋军遭遇，受到两路夹攻。南唐军效仿周瑜火烧赤壁的战术，想放火烧宋军，哪知运气不好，正碰到起北风，大火反倒烧了自己的军阵，南唐军全军溃散。

宋将曹彬派人到江宁，劝李煜早日投降，免得城里百姓的生命财产遭到毁灭。后主还是想继续拖延下去，于是曹彬下令攻城。第二天，江宁城就被宋军攻破了。宋军进城后，秩序井然，并没有骚扰百姓。待在后宫里的李煜知道消息后，叫人在宫中堆了柴草，准备放火自杀，最后毕竟没有赴死的勇气，只好带着大臣走出宫门，向曹彬投降。

李煜投降后，曹彬允许他带五百人进宫收拾行装，允许他带上后宫中的任何珍宝财物。亡国已在眼前，李煜哪还有心思蓄积财物，只是派人匆匆取了一点就出来了。走出宫门时，南唐乐师为他演奏起凄凉的离别曲。"最是仓皇辞庙日，教坊犹奏离别歌，垂泪对宫娥。"李煜后来作的这首词，正是当时情景的最好写照。

李煜一行被押到汴京后，宋太祖对他还比较优待，封他为违命侯，并封他的妻子小周后为郑国夫人。宋太宗即位后，又加封李煜为陇西郡公。

虽然同为"亡国之君"，但南汉刘铱善于谄媚，经常在太宗面前曲意逢迎，李煜就不同了，他只会作词来寄托自己哀怨的情绪，口才却是一点没有，一来二去，太宗就对他有了猜忌之心。

太平兴国三年（978）的元宵节，各位命妇依宋制入宫庆贺。李煜夫人小周后生得花容月貌，入宫时正巧被太宗看见，于是被太宗强留在宫中。李煜知道后，仰天流泪，自此心中更是凄苦无比。

农历七月七日，是牛郎和织女相会的日子，这一天也恰好是李煜的生日。李煜感慨身世，提笔填了一阕《虞美人》：

春花秋月何时了，往事知多少？小楼昨夜又东风，故国不堪回首月明中。

雕栏玉砌应犹在，只是朱颜改。问君能有几多愁？恰似一江春水向东流。

这首词恰好被太宗派来监视李煜的人听到，很快就传到了宋太宗那儿。太宗一读，勃然变色："这个李煜还没有忘记故国，如不将他除掉，必为后患！"于是，太宗赐李煜"牵机药酒"，李煜喝完后便倒在床上，转眼已是气息全无。

李煜死后，太宗废朝三日，将其厚葬，并追封其为太师、吴王。

五、宋太祖的"祖宗家法"

作为开国君主，宋太祖在统一大局已定的情况下也没有志满意得、忘乎所以。平定南方诸国后，各国的金帛财宝源源不断地运至东京，宋太祖将它们作为战备物资，全部收贮在内库，从不随意挥霍。宋太祖本人有射猎和蹴鞠（踢球）的喜好，刚做皇帝时，他常常技痒难耐，时不时邀上几名手下游玩一次。一天，宋太祖正在后苑射鸟，有大臣跑来说有急事求见。宋太祖接过奏章，发现并不是马上要办的事，不禁有些恼火，便训斥了那名大臣几句。那大臣却答道："奏章里的事虽然不是很急，但总比射鸟急吧。"宋太祖听他反驳，就更加恼怒了，随手抄起一把玉斧，掷向那人，那人门牙被撞掉了两颗，并不作声，只是跪在地上，将牙齿捡起来装在衣服里。宋太祖问："你想拿这个来控告我吗？"那人说："不敢！不过陛下既为天子，一言一行自然会由史官记录在案。"宋太祖一听这话，恍然大悟，作为天下主，一言一行至关重要，他赶紧将那位大臣扶起，向其表示歉意。以后，太祖慢慢地将射猎和踢球的嗜好戒除了。

宋太祖深知得人心者得天下这个道理，在他统治期间，采取了"布声教"的策略。布者，广施恩德也；声者，严威也。即所谓恩威并用。

宋太祖非常懂得笼络人心。陈桥兵变后，宋太祖初入皇宫，看见一个宫女抱着一个小孩，乃周世宗的儿子。宋太祖问旁边的赵普、潘美等人怎样处置才好，赵普说应该斩草除根，潘美在旁默默不语，太祖便问他的看法，潘美仍是不敢应声。宋太祖说："夺了人家的皇位，还要再杀人家的儿子，我实在是有些下不了手啊。"潘美这才说："臣也曾在世宗手下当官，我劝您杀此遗孤，对不起世宗；劝您不杀，您又会认为我不忠于您。"宋太祖摆摆手："你把这个孩子带回家，就当是你的侄子抚养吧。"

一日宋太祖举行国宴，周世宗朝留下来的翰林学士王著喝醉了酒，在宴席上大声喧哗，有人看不下去，劝他收敛一些，他却突然跑到皇帝的屏风前放声大哭。宋太祖并没有发火，只是派人将他扶了出去。有大臣说，前朝遗臣在宫中痛哭，是因为思念周世宗，应予严惩。宋太祖不以为然，说王著只是一个书生而已，我知道他的为人，这事就不用再提了。王著酒醒后，非常后怕，见自己并没有被杀，从此就死心塌地效忠宋太祖了。

作为一名武将，赵匡胤知道纵兵掳掠必将引起民众的反抗，所以在对外征讨中，宋太祖都要告诫军士不要滥杀。平灭后蜀时，宋将王全斌在城中杀人较多，还放纵将士掳掠财物，引起后蜀民众反抗，被赵匡胤惩治。曹彬围攻江宁时，宋太祖三番五次传旨："勿伤城中人。"于是江宁城内百姓性命财产得以保全。平定江南的消息传到朝廷，群臣都上朝称贺，赵匡胤一反常态，流着眼泪说："百姓受割据之苦，我以'布声教'安抚他们。可是攻城的时候，必定还有百姓在刀兵中丧失性命，这是我所感到悲

痛的。"

赵匡胤在处理与少数民族的关系中，也采取了"布声教"的策略。党项族居住在宋西北边陲，该地节度使李彝兴欲与宋政权通好，便派遣使者向宋廷贡良马300匹。赵匡胤对这件事非常重视，立即命玉工赶制一条玉带回赐李彝兴。为了制作这条玉带，赵匡胤特意询问党项的使者："彝兴腹围是多少？"使者回答说："彝兴的腰腹很大。"

"呵呵，看来你们的元帅是一个福人哪。"赵匡胤随即命玉工打造了一条"大如合抱之木"的玉带。

使者将玉带带回党项，李彝兴十分感动，表示要效力于宋廷。后来，宋军进攻北汉时，李彝兴果然给予了大力支持。

宋·妇女妆饰图

为了保持边境安宁，赵匡胤对周边的少数民族"悉心绥抚"，对于那些不能遵此办理的大臣，不管有多大的功劳，都予以撤换。灵武节度使冯继业经常出兵夺取羌人的羊马，引发骚乱，赵匡胤知道后立即罢免了冯继业，改用段思恭驻守灵州。段思恭矫正了冯继业的过失，按赵匡胤的旨意对羌人悉心绥抚，使边境安定下来。段思恭也由此受到赵匡胤的丰厚奖赏。

为了加强中央集权，消除唐末以来长期存在的藩镇跋扈的局面，使赵宋王朝能够长期巩固下去，赵匡胤采取了一系列的政治、军事改革措施。

杯酒释兵权只是宋太祖军事制度改革的一个开始。之后，三项主要的改革措施相继推出：

第一，建立枢密院制度。枢密院长官为枢密使和枢密副使，主管调动全国军队，分掌军政大权。三衙掌握着禁军，但是没有调兵和发兵的权力；枢密院有发兵、调兵之权，却不能直接掌握军队。这样就使得调兵权与领兵权各自分离，相互制约，有利于皇权对军队的控制。

第二，内外制约。宋太祖把全部军队分为两半，一半屯驻在都城开封，一半戍守各地，但开封驻军又多于外地任何一个地方，随时可以平定外地叛乱。而外地的军力联合起来也足以抗衡京城驻军，这就使得内外军队互相制约，都不能发生变乱。

第三，兵将分离。采用"更戍法"，驻屯京城的禁军和驻在外地的禁军都必须定期调动。京城驻军要轮流到外地或边境戍守，借着士兵的经常换防，造成兵不识将，将不识兵，使将官无法在士兵中建立自己的声望，当然也就不能率兵与朝廷对抗了。

为了消除那种专制一方的藩镇，宋太祖采用了强干弱枝的方略，主要内容有：

第一，削夺其权。将节度使驻地以外兼领的州郡划为京师直属，同时由中央派遣文官出任知州、知县等地方官，直接对中央负责，向朝廷奏事，不听令于节度使。对于那些一直盘踞一方的节度使，宋太祖同样以"杯酒释兵权"的办法将其逐一罢免。

第二，制其钱谷。将地方财权收归中央。宋初于各路设置转运使，将一路所属州县财赋，除留少量应付日常经费外，其余的钱帛全部上交中央政府。

第三，收其精兵。各州长官需把藩镇所辖军队中骁勇善战的人选送到京城补入禁军，又在地方上招募强壮的民众到京城当禁军，这样使得中央禁军集中了全国精兵，地方上只剩下一些老弱病残，编成地方军，已无军事力量可以同中央抗衡了。

在官僚制度方面，削弱宰相权力。宋太祖即位后，宰相奏事仍然沿用旧制，坐在凳子上向皇帝陈述。一天早朝，宋太祖突然对宰相王溥、范质说："我眼睛有些昏花，你们把奏疏送上前来。"在范、王二人离开座位的时候，侍卫悄悄地将他们的座位都搬下去了。之后，宰相在皇帝面前也要像其他臣子一样站着奏事了。宋太祖不仅从形式上降低宰相的地位，而且将原属于宰相的军权交枢密院掌握，财权则交三司使掌握，宰相的权力仅限于民政。

在削弱相权的同时，在百官中推荐"官、职分离，互相牵制"的任官政策。如设立参知政事、枢密副使和三司副使，作为宰相、枢密使和三司使的副手，这样就可以使各部门长官相互制约。宋代官制中，"官"是品

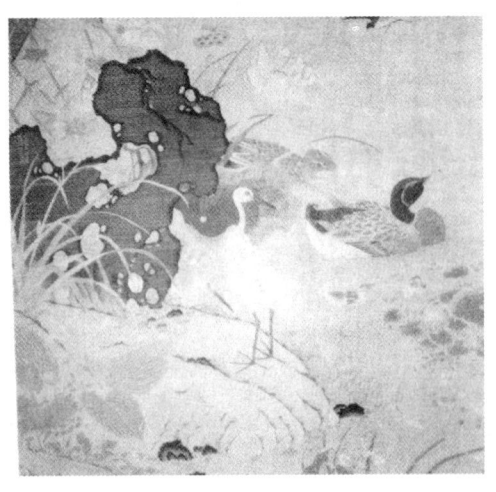

宋·缂丝百花攒龙纹包首图（局部）

级，只是据此享受俸禄；"职"是殿阁、馆阁学士一类的荣誉称号，同样没有实际权利。只有由皇帝或书省"差遣"的临时职务才能够执行实际权力。任官时职、权分离，名、实混淆，可以使任何官员都没有办法将权力、荣誉和威望集于一身，权力大的不一定职高，职位高的却可能没有权力。

为扩大统治基础，宋太祖改革和推进了隋唐以来的科举考试制度。宋初时对科举考试的范围大大放宽，不管家庭贫富，只要具有一定文化的人，都可以前往应举。赵匡胤还规定了极为严格的考试制度，以防止权贵子弟舞弊。

宋太祖还着力于改变重武轻文的社会风气，他在即位之初，就下令修复孔庙，开辟儒馆，延用名儒。针对五代时期文教不兴、学校荒废的情况，他下诏拨款增修国子监学舍，当国子监开学讲书的那一天，他还专门派人送去美酒等以示祝贺。

宋太祖认为，乱世用武，治世用文。随着文教的振兴和开科取士的增多，大批文人进入统治集团，原来只作为装点摆设的文臣开始逐步取代武将，在政治领域活跃起来。

由宋太祖主导的一系列改革措施，大大加强了宋王朝的中央集权制度。统一安定的政治局面，为后世经济、文化的快速发展创造了良好条件，宋太祖所创立的这一整套国家治理制度也成为宋室世代奉为圭臬的"祖宗家法"。

不过，宋太祖这些防弊之政、立国之法也有其不利的一面。"杯酒释兵权"使武职官员形同虚设，兵不知将，将不知兵，虽然成功地防止了军队的政变，但却削弱了部队的作战能力。官僚机构重叠，互相牵制，造成"冗官""冗费"的情况与日俱增，而办事效率又极为低下。到了北宋中后期，太祖皇帝的"祖宗家法"终于使这个国家陷入了积贫积弱的局势之中。

点　评

宋太祖赵匡胤称得上是一代名帝，他的伟大功绩和他的人格魅力息息相关。

太祖本人心地清正，宽仁大度，虚怀若谷，好学不倦，勤政爱民，不好声色，崇尚节俭。在他的带动下，宋朝在开国之初有效地扭转了五代以来奢靡的社会风气。

宋太祖赵匡胤一生最大的贡献和成就在于重新恢复了华夏主要地区的统一，结束了安史之乱以来长达200年的诸侯割据和军阀战乱局面，使饱经战乱的民众终于有了一个和平安宁的生产、生活环境，为社会经济的发展和文化的繁荣创造了良好的条件。太祖奉行"文以靖国"的理念，尊孔崇儒，完善科举，彻底扭转了唐末以来武夫专权的黑暗局面，使宋代的文化空前繁盛，以至后世有"宋朝是文人的乐园"之说。

宋太祖在开国之初，奋发图强，励精图治，使社会经济得到了快速发展。他施行的减轻徭役、兴修水利、澄清吏治、劝奖农桑、移风易俗等一系列举措，迅速把宋朝推向一个空前繁荣的阶段，出现了历史上享有盛誉的"建隆之治"。

当然，宋太祖创制的"祖宗家法"也有不利的一面，过度重文轻武、偏重防内，最终导致了宋朝长期积弱的局面。

相关链接

赵匡胤小传

赵匡胤（927—976），宋朝开国君主，涿郡（今河北涿州）人。948年，投后汉枢密使郭威幕下，屡立战功。951年郭威称帝为周太祖，赵匡胤任禁军军官。周太祖死后，周世宗即位，赵匡胤为殿前都点检。世宗死，恭帝即位，赵匡胤于960年发动"陈桥兵变"，建立宋朝，定都开封。赵匡胤称帝后，963年平定荆南和湖南，965年灭后蜀，971年灭南汉，975年灭南唐，俘虏南唐后主李煜，除北汉之外，十国基本统一。赵匡胤在位十六年，庙号太祖。

开封的宋代御街

第二章

宋太宗守内虚外

一门忠义保江山，齐家治国平天下。

一、太宗登基之谜

大宋开国之初,作为弟弟的赵光义(宋朝建立后,赵匡义改名赵光义)紧随哥哥赵匡胤之后,在平定战乱和治理国家中立下不少功劳。他们的母亲杜太后是一个非常有政治眼光的女人。赵匡胤在陈桥发动兵变后,他的部下快马加鞭,先行回到开封,向赵匡胤的母亲杜氏报喜说:"您的儿子做皇帝了。"老太太对此并不惊异,只是回答说:"我儿向来胸怀大志,今天终于如愿以偿了。"

赵匡胤登基时,杜太后身体还好,经常以皇太后的身份参与国事。宋太祖为母亲在朝堂上举行庆贺大礼,群臣纷纷上前祝贺,杜太后却面有忧色,看起来一点都不高兴。有臣子纳闷地问她:"母以子贵,您现在已贵为皇太后,还有什么不高兴的事吗?"

杜太后说:"你们只知其一,不知其二。做皇帝太难了,一个人位居万万人之上,国家治理得好,自然能够受到臣民的尊重,可要是治理不好,就会众叛亲离,到时再想做普通百姓,过太平日子也办不到了。"

赵匡胤一听,赶紧跪在地上:"母亲的教诲儿子当永记在心中。"

相传杜太后病重时，宋太祖一直在身旁侍奉汤药，一天，杜太后突然问道："你知道你为什么能做天子吗？"宋太祖觉得母亲重病卧床，不是讨论这一问题的时候，嘴里只是支吾着并不回答。但杜太后仍然追问他，不得已，他只好答道："这都是靠祖上和太后的福气。"杜太后微微笑着说："怎么可能是这样呢，你之所以能做天子，全是因为周世宗死后继位的国君太过年幼，如果当时是一位成年人继位的话，你哪有机会当上天子啊。如果将来你不行了，你应该传位于光义，光义再传位给小弟廷美，这样宋室的江山都会掌握在成年人的手里，赵氏子孙也就能长久富贵了。"太祖俯在地上，不住叩头："儿子一定听从母亲教诲。"杜太后随后叫来赵普，要他把这一传位次序写成盟誓，并藏在一个金制的小箱内。这就是所谓的"金匮之盟"。

太祖皇帝与弟弟赵光义的感情十分深厚，两人同在周世宗柴荣手下当差的时候，就经常在一起喝酒聊天。赵匡胤武艺超群，而赵光义则喜欢读书，两人一起纵论天下，英雄气概溢于言表。陈桥兵变时，赵光义出力不少。光义本人具有较高的政治才干，受到哥哥的重用也在情理之中。光义当过开封府尹，后被封为晋王，位在皇帝之下，宰相之上。宋太祖在亲征李筠、李重进时，把京城留守的重任就交给了光义，任命他为大内都点检。赵匡胤正是在这一官职上发动的兵变，难怪在大军出征时，京城内又有"点检做天子"的谣传。赵匡胤对此并不在意，足见他对光义的信任。

到了开宝九年（976），南方的割据势力中只剩下了名存实亡的吴越。此时的赵匡胤踌躇满志，在深秋十月仍然兴致勃勃地到校场上看部队练兵，以至众将以为太祖不久就要亲自前往太原征讨北汉了。宋太祖随后赶到晋王光义的府邸，兄弟两人宴饮甚欢，没想到回宫后，太祖突然旧病复发，自此卧床不起。朝廷上的一切政务，都交给了赵光义料理。到了十月十九日夜，开封突然下起大雪。这一天太祖命人召晋王入宫。赵光义来后，太祖命左右内侍一齐退出，独留下光义，两人一起喝酒商讨国家大事。宫女和宦官远远地立在外面，只听得宋太祖和赵光义两人的话语若断若续，听不清楚谈话的内容。不大一会儿，只见室内烛影摇晃，远远地看到光义的影子连连在窗上晃摇，好像在躲避什么，而宋太祖则手持玉斧戳地，发出很大的声响。接着，内侍们就听到宋太祖发出非常惨切的声音："你好自为之……"这一声过后，赵光义快步走出寝门，唤来内侍，让他们速请皇后、皇子等人到来。等这些人陆续赶到寝宫，发现太祖皇帝僵卧御榻，早就归天了。

有内侍捧出杜太后的遗诏，宣告传位晋王，皇子德昭等人知道争也无益，只有孝惠皇后向赵光义垂泪说："我们母子的性命，就托付官家了。"赵光义赶紧说："当同保富贵，请不要过虑。"于是，赵光义便在太祖灵前正式登上了皇位，史称宋太宗。

关于"烛影斧声"，在宋代时就有各种各样的传说。有人说赵光义很喜爱已归降的后蜀主孟昶的妃子花蕊夫人。孟昶死后，花蕊夫人被太祖纳为自己的妃子，而且特别宠爱。当时赵匡胤因病卧床，深更半夜时赵光义胆大妄为，以为宋太祖已熟睡，便趁机调戏花蕊夫

宋·瓷制磨喝乐

人，没想到太祖惊醒，要用玉斧砍他。很快，病重的赵匡胤就被气死了。

也有人说是兄弟两人在室内自酌自饮，喝到深夜时，两人突然起了争执，赵光义干脆一不做二不休，用玉斧劈杀了太祖。

还有人说"金匮之盟"实际上并不是杜太后的旨意，只是太宗和赵普杜撰出来以掩人耳目的。因为太祖死得不明不白，太宗为了显示其即位的合法性，便抛出"金匮之盟"，以达到稳定人心的目的。

赵光义即位后，改年号为"太平兴国"。任命其弟赵廷美为开封尹兼中书令，封齐王，相当于他即位前的官位。皇子德昭和德芳都封为节度使，廷美的子女也称为皇子皇女，太祖的三个女儿也被封为公主。太祖的旧部也受到优待，就是太祖在世时曾加以处罚或想要处罚的人，太宗都予以赦免。赵光义的这些举措有效地聚拢了人心，在短期内达到了巩固帝位的目的。

随着帝位的稳固，太宗开始培养和提拔自己的亲信。原来晋王府的幕府成员如程羽、贾琰、陈从信、张平等人都陆续进入朝廷担任要职，慢慢地替换了宋太祖朝中的大臣。一批元老宿将如赵普、向拱、高怀德、冯继

宋·李公麟·五马图（局部）

业等也被太宗陆续罢免，并把他们调到京师附近做官，便于控制。

太宗还通过扩大科举取士人数的方式来改变政局，他在位时期，第一次科举就比太祖时代最多的数字猛增了两倍多。这些士子被录取后，地位通常青云直上，在朝廷中出任各种职务，太祖朝中的老臣很快就被他们所取代。这些天子门生无疑对太宗心存感激，心甘情愿地为新皇帝效力。这样，整个朝廷逐渐变了样，朝廷的权力牢牢地掌握在了太宗手里。

接着，太宗开始采取措施改变既定的皇位继承人。

太宗在征讨北汉的时候，按例任命齐王廷美留守京城。有谋士向齐王建议："你作为皇室至亲，如果留守京城，必被怀疑，不如请求随皇上出征。"

皇子德昭也随太宗征伐北汉。当时宋军与辽军交战，在高粱河遭到惨败，赵光义在乱军中只带了些随从逃出了重围。宋军中传言太宗已经死了，有人建议拥立赵德昭为帝，来收拾残局。不过，赵光义很快就回到军中，这件事就没有了下文。但光义听说了此事后，心中对赵德昭起了深深的猜忌。当德昭向他建议赏赐此次北伐有功之臣时，他带着嘲讽的口气道："等你自己做了皇帝再奖赏他们也不迟啊！"德昭听了这话，立刻就变了脸色，十分愤怒，同时他也感到了赵光义对他已经起了猜忌之心。回家之后，德昭便自刎而死。

就在赵德昭死后一年，他的弟弟，也就是赵匡胤最后一个儿子赵德芳也接着死去了，年仅二十五岁。传说德芳是一个非常贪吃的人，是因为吃太多的肥猪肉而胀死的。史书上则只说他是因病而死，却没有具体说明是得了什么病。就这样，赵匡胤剩下的两个儿子在赵光义即位后六年中相继死去了。

又过了一年，有人向太宗告发齐王赵廷美阴谋加害皇上，于是太宗解除了他的官职，并将他送到西京闲住。接着又有人告发赵廷美在西京时常怨愤不已，太宗又废除了他的王位，将其迁往房州安置。不久，赵廷美即病死，而告发他的人也很快就被太宗流放，死在了边远之地。

赵廷美死后，太宗让自己的儿子顶替了廷美的位置，并立其为太子。至此，"金匮之盟"完全被废弃，而太宗的这些所作所为，也更加让人猜疑"烛影斧声"的真正内容。

二、没有完成的统一事业

宋太宗也是一位比较有作为的皇帝，他继承皇位以后，决心将宋太祖统一全国的未竟事业继续进行下去。

消灭南唐以后，南方割据势力只剩下了吴越，已不足为患。而且吴越对宋朝一直顺从听命，当宋朝出兵灭南唐时，宋太祖要求吴越国主钱俶出五万兵夹攻南唐，钱俶果然照办。南唐灭亡后，钱俶曾到开封朝拜，受到宋太祖盛情接待。当时有许多大臣劝太祖扣留钱俶，但宋太祖考虑到南唐虽然国灭，有的地方却还有不少人在据城反抗，需要一段时间巩固他在江南地区的统治，他担心在这个时候扣留钱俶会引发吴越地区的反抗，于是就没有批准。不仅如此，宋太祖还把群臣主张扣留钱俶的奏疏都交给钱俶，使钱俶既惧怕，又感激不尽。到了太平兴国三年（978），这是宋太宗即位的第三年，这一年三月，吴越国王钱俶带了大批财物到开封朝见太宗。事隔三年，形势不同了，宋朝已牢固确立了在江南的统治，宋朝消灭吴越的时机也成熟了。所以，这次钱俶带了大批宝物到开封朝贡，宋太宗在收下贡物后，就不再理会钱俶了，既不说让他回吴越，也不明说是要扣留他。钱俶没有办法，主动要求除去吴越国王的封号和其他优待，只求能够返回吴越，太宗仍然不许。身处宋朝都城的钱俶意识到，如果在这个时候还不向宋朝归顺，恐怕性命也难以保全了，就只好上表把自己统辖的十三州八十六县都交给宋朝。宋太宗点头准许，并对钱俶等人进行封赏，把钱俶的近亲和吴越的官吏全都迁到汴京。南方的割据势力至此被太宗完全削平了。

接着，宋太宗开始积极准备消灭北汉。

北汉以太原为中心，统辖并、汾、忻、代、岚、宪、隆、蔚、沁、辽、麟、石十二州，经济发展与南方各国相比比较贫弱。同时，北汉国主为了不被宋朝消灭，每年都要向辽国供奉大量的财物，以换取支持。

在赵匡胤"先南后北"的统一方略中，北汉排在南方割据势力的后面。宋太祖即位后曾派使者出使北汉，对北汉主刘承钧说："你们与周世代为仇，而我和你们就没有这些宿怨，如果你有志向要争夺天下，那就请你下太行与我一决胜负。"刘承钧却对使者说："河东土地士兵都不足中原的十分之一，我只想保住祖宗留下来的这一方水土，无意与人争胜负。"于是，宋太祖知道北汉君臣并没有什么大的抱负。

虽然如此，北汉的军事实力仍然不容小视。

北宋开宝元年（968），北汉主刘承钧死，因为膝下无子，朝中发生了内乱，他的养子刘继元因为得到大将郭无为的支持而登上皇位。宋太祖认为这是进攻北汉的绝好机会，于是发兵进逼。刘继元一面安排军队迎战，一面派人请辽出兵支援。他派枢密使马峰与侍卫都虞侯刘继业、马进珂领军南下，守住南面门户团柏谷。马峰的军队与宋军相遇后，被宋军打得大败。宋军乘胜夺取汾河桥，一路追杀到太原城下。太祖本以为胜利已在眼前，不曾想太原城池坚固，宋军攻了很长时间都没能拿下。此时，辽国的援军大举南下，宋军抵挡不住，只能撤围。

宋太祖攻克北汉的决心并没有因这一次的失利而动摇。第二年春天，他御驾亲征，首先命将调集军需入山西，然后命大将曹彬、党进领兵为前军直趋太原。宋太祖也亲临前线，下令征发当地民夫在城外修筑长城，做长期围攻太原的准备。后来又接受谋士的建议，将汾河堵住，把晋水引到太原城下，浸泡太原城墙。就在南城墙几乎要被泡塌的时候，辽国援军又一次来到太原，这使得已将溃散的北汉将士又一次坚定了守城的决心。宋军久攻不下，多人患上了腹疾。没有办法，宋太祖只好下令班师回朝。宋军撤退时，宋太祖特意下令将太原周围一万多民户迁到山东、河南，以此来削弱北汉的实力。

开宝九年（976），宋太祖再次大举讨伐北汉。宋军兵分五路，直扑太原，辽军也闻讯大举南下，眼看一场大战不可避免。但就在此时，宋太祖突然驾崩，太宗刚刚登上皇位，为了稳固自己的统治，短期内不愿再打大仗，下令将进攻北汉的宋军撤回。

太宗此举并不表示他已放弃消灭北汉的计划，只是改变了策略，从外交和军事两个方面为将来攻灭北汉做准备。太宗在即位的第二个月就派使臣前往辽国，对辽做出和平友好的姿态。到太平兴国三年，他先后派遣出使辽国的使臣竟然有六批之多。对于辽国来宋的使臣，宋朝也盛情款待。太宗以此使辽国放松对宋朝的警惕。与此同时，太宗加紧精选将士进行军事训练，亲自检阅禁军的演习，厚奖训练有方的将官，还加紧在临近北汉的各州修造兵器和攻城器械。

太平兴国四年（979），太宗觉着准备得差不多了，开始兴兵讨伐北汉。太宗吸收以往多次失利的教训，一开始就制订了周密的作战方案。太宗先命潘美统四路大军围攻太原，同时命郭进领精兵进驻石岭关，以阻击辽兵。三月，辽数万骑兵南下到石岭关南涧，郭进预先布好了阵，等辽军过河到半路的时候，宋军突然杀出，打得辽军措手不及，在死伤一万多人之后，辽军被迫退守。这样，太原辽军就已成了瓮中之鳖。

泰山碧霞祠

四月，宋太宗亲临太原城下，依照太祖的方法修筑长城将太原城围困起来，并在城西修筑了一座土山，用来观察城内的动静。宋太宗先写了一封劝降书投到城中，后汉君臣并不接受。于是太宗亲自督战，命宋军从四面猛攻城池。由于北汉早有准备，所以当宋军靠近城边时，城上滚木礌石铺天盖地地砸下，宋军伤亡惨重。到五月，北汉官兵已渐渐支持不住，宣徽使范超、马步军都指挥使郭万超先后降宋，北汉朝廷开始瓦解。宋太宗亲自拟定诏书劝后汉国主投降，刘继元无奈，只好出城俯伏在长城台下向太宗请罪。自此，"五代十国"中最后一个分裂的小王朝被消灭了。

北汉虽然已经灭亡，但太宗对太原坚固的城池仍然耿耿于怀，他下令全城的居民迁往汾水东的新城，并将新设立的并州府迁到榆次。居民出城后，宋太宗下令在城内放火，整个太原城在一天之内就全部被焚毁。第二年四月，太宗又命人将晋水灌入太原，经此火烧、水灌，太原城彻底变为废墟。

平灭北汉后，宋太宗将军队调到了河北地区，想一鼓作气收复燕云，但他这一次低估了辽国的力量。有宋军将领说战争刚结束，应该给军队一个休整准备的时间，而且现在粮草非常匮乏，不能支持长久作战，建议太宗做充分准备之后再攻打辽国。但宋太宗觉得辽刚刚吃了败仗，士气低落，应该乘胜追击，扩大战果。对辽的战争在刚开始时还很顺利：易州刺史主动献城投降；宋军到达涿州后，同样是兵不血刃地取下了城池；宋军前锋直抵辽南京城（即幽州，今北京），守卫南京的辽将耶律奚底和宋军在沙河初次交战，被宋军打败，退到了清河北面。宋军将辽南京城包围起来，辽军则坚守不出，等待援军。

辽景宗见辽南京城形势紧急，赶忙派名将耶律休哥领重兵相救。耶律休哥非常善于打仗，他将军队兵分两路，一路只有五千人，装作是辽军主力到辽南京城下引诱宋军交战，而主力骑兵三万则在夜里绕行南面，赶到了宋军的背后。双方在现在北京市西南的高梁河一带展开了激战，最终，腹背受敌的宋军惨败而退。宋太宗在慌乱中带着一队亲信逃出乱军阵，后面辽军紧追不舍。到涿州时，太宗大腿被射中两箭，龙旗御车、随从嫔妃等也都被辽军掳掠，最后只好在当地百姓家弄了辆驴车，太宗驾驴车从小路逃回了京城。

幽州之战以宋军惨败而收场。此后，太宗以守内虚外的政策来维持稳定。这次战役还给太宗留下了病根，他腿上所中的两处箭伤，每年都会发作，成为他日后病死的主要原因。

三、杨家将一门忠义

杨业又名杨继业，原名重贵，麟州新秦（今陕西神木）人。其父杨信在后汉曾任麟州刺史。因他长期在太原生活，故《宋史》称他为太原人。杨业就是后代戏曲小说中的杨老令公，是"杨家将"中的第一人。他从小就擅长骑射，爱好打猎。一次，他对与自己一同打猎的好友说："我以后带兵打仗，也会像现在一样，迅猛如鹰犬捕杀野兔。"

杨业青少年时为后汉河东节度使刘崇的部属。刘崇在太原割据，建立北汉政权，提拔杨业为建雄军（今山西代县）节度使，并赐名刘继业，让他长期镇守北方重镇代州，在那里抵御辽兵的侵扰。杨业每战必捷，立下不少战功，当时就被人称作"刘无敌"。

太平兴国四年（979），宋太宗率大军亲征北汉，兵围太原，杨业把守太原城的东南面，令在此进攻的宋军胆寒。当刘继元出城向宋太宗投降时，杨业仍领人在城南苦战。宋太宗非常欣赏杨业，命刘继元派人去通报降讯，杨业听后，一个人向着北面大哭一场，才解甲投降。宋太宗对杨业厚加赏赐，任命他为左领军卫大将军、郑州防御使，仍带兵镇守代州，在河东战场上抗击辽兵。

太平兴国五年（980）三月，辽景宗派驸马萧多罗率军十万进犯雁门，杨业手下只有几千人马，知道不能和辽军硬拼。于是他派遣少数士兵固守关城，自己率领几百精兵抄小路绕到雁门关以北，转到辽军背后发起进攻。辽兵一路向南进军，没有遇到什么抵抗，正在得意时，忽然从后面响起一片喊杀声，只见烟尘滚滚，一支骑兵从背后杀来，像猛虎冲进羊群一样，乱砍猛杀。辽兵毫无防备，又弄不清后面来了多少人马，个个心惊胆战，阵容大乱，哪里还抵挡得了，纷纷向北逃窜。此次战役，杨业刀斩萧多罗，生擒辽将李重海，被辽军称为"杨无敌"。自此，辽人每每同宋军作战，只要一看到杨业的旗帜，都会望而生畏。杨业在这次战役后被提升为云州观察使，由于杨业威望太高，使他遭到其他宋将的妒忌，有的甚至上书诽谤他，但太宗并不相信这些不实之词，还把举报的书信交与杨业本人，以示对他的信任。杨业对此自然是感激涕零，决心效忠太宗。

过了几年，辽景宗耶律贤死去，即位的辽圣宗耶律隆绪才十二岁，由他的母亲萧太后执政。宋朝有边将向太宗上奏章，认为此时辽朝政局变动，是收复燕云十六州失地的大好机会。宋太宗接受了这个建议，于雍熙三年（986），派出曹彬、田重进、潘美率领三路大军北伐，杨业做潘美的副将。

三路大军分路进攻，开始都比较顺利。潘美、杨业的一路人马出了雁门关，很快就收复了四个州。但是曹彬率领的主力因为孤军深入，被辽军杀得大败。宋太宗赶快命令各路宋军撤退，并将四个州的百姓迁入宋境内。

潘美、杨业接到命令，领兵掩护四个州的百姓撤退到狼牙村。此时，辽军已经占领了寰州（今山西朔州东），兵势很猛。杨业建议潘美避过辽军主力，只派兵佯攻，达到吸引辽军主力的目的，然后派精兵埋伏在退路的要道，掩护军民撤退。但是这个作战计划遭到了监军王侁等人的反对。王侁说："我们现在有几万精兵，难道还怕他们不成？我们只管沿着雁门大路大张旗鼓地行军，这样让敌人见了也会害怕退让。"但杨业认为这样太过冒险，说："现在敌强我弱，这样干一定会失败。"王侁带着嘲笑的口吻说："杨将军不是号称无敌吗？现在怎么在敌人面前畏缩不战，不会是另有打算吧？"这一句话把杨业激怒了。作为北汉降将，他最不愿意被人看作是对宋室有三心二意的人，他说："我并不是怕死，只是现在战机不利，我不愿让兵士们白白丧命。如果你们一定要打，那我可以打头阵。"

主将潘美支持王侁的主张，杨业没有办法，只好带领手下人马出发。临走的时候，他流着眼泪对潘美说："我本是后汉降将，早该一死。我这次只是想看准时机，然后痛击敌人，以报答皇上隆恩。现在既然大家都责备我避敌，我不得不先死于敌中。"

杨业与潘美商定在陈家峪（今山西朔州南）会合，他嘱托潘美："你们在这个谷口两侧，埋伏好步兵和弓弩手。我兵败之后，会引辽兵退到这里，你们带兵接应，两面夹击，或许可以转败为胜，否则将全军覆没。"潘美答应了杨业的请求，在陈家峪谷口布下了军阵，以备救援。

杨业出兵没有多远，就遭到辽军的伏击。杨业虽然率军英勇杀敌，但辽兵人数实在太多，不断地像潮水一样涌上来。杨业拼杀了一阵，带领将士一边打一边后退，从正午至傍晚，终于把辽军引向陈家峪。

到了陈家峪，已是太阳下山的时候。杨业退到谷口，却发现两边静悄悄的，根本没有宋军的影子。原来杨业走了以后，潘美派王侁率人马埋伏在陈家峪，可是等了一天，听不到杨业的消息，王侁认为一定是杨业打退了辽兵。他怕杨业抢了头功，就将伏兵撤去，离开了陈家峪；主帅潘美明知王侁撤军，却没有加以阻止。等潘美和王侁率军离开陈家峪谷口十公里远的时候，听到杨业兵败的消息，但他们非但不前去援救，反而率兵从另外一条小道逃跑了。

杨业见约定的地点无人接应，气得暴跳如雷，但也没有办法，他仰天长叹："此遭必死矣。"随后带领部下转身跟追上来的辽兵展开厮杀。兵士们虽然个个奋勇抵抗，但是辽军越来越多，到了最后，杨业身边只有一百多个兵士。他含着眼泪，高声向兵士说："你们都有父母妻小在家，请不要和我一起死在这里，赶快突围出去，也好让朝廷知道我们的情况。"

兵士们眼见杨业浴血奋战的情形，听了这话无不感动落泪，没有一个愿意离开杨业。最后，所有的士兵都战死了，杨业的儿子杨延玉和部将王贵也牺牲了。只剩下杨业一人，身上也已经受了十几处伤，浑身是血，仍旧来回冲杀，杀伤了几百名敌人。一支冷箭射中了他的战马，马倒在地下，将杨业摔了下来，辽兵乘机围堵上去，把他俘虏了。

杨业被俘以后，辽将劝他投降。他抬起头叹了口气说："我杨业本来想消灭敌人，报答国家。没想到被奸臣陷害，落得全军覆没。哪还有脸活在世上呢？"他绝食了三天三夜，死于被押往燕京的途中。

杨业之死震动了北宋朝野。特别是许多人听了杨业受陷害以及同部下一起英勇不屈、壮烈牺牲的事迹后，更是为他流下热泪。宋太宗追赠杨业为太尉、大同节度使，以褒奖杨业为国捐躯的英雄行为，杨业的儿子延朗（后改名延昭）、延浦、延训、延环、延贵、延彬也都得到升迁。为平复民愤，太宗将潘美连降三级，王侁则被除名编管。

杨业的七个儿子中，杨延昭的成就最大，他继承了父亲的事业，继续驰骋在宋朝抗辽的战场上。杨延昭在小时候就深得杨业喜爱，说"这个孩子非常像我"，每次出征，都把他带在自己身边，让他经受战斗锻炼。雍熙北伐时，杨业攻进应、朔等州，命延昭为其先锋。延昭英勇杀敌，在朔州城下被流箭射穿了胳臂，仍不下战场。雍熙北伐之后，延昭在景州（今河北景县）、保州（今河北安新县）等地抵御辽军侵扰。

宋真宗咸平二年（999），辽国又一次向宋朝发动大规模军事进攻，宋军不断败退。当时杨延昭守卫遂城（今河北徐水县东），九月初，辽军赶到遂城城下，开始进攻，杨延昭请求宋室派兵增援。河北大将傅潜却畏缩不前，不敢与辽接战，由于没有增援，杨延昭被辽军困在了遂城。遂城城小，并没有多少储备，辽军的进攻又非常猛烈。杨延昭虽然指挥部队将他们一次又一次打退，但辽国萧太后亲临城下，自执桴鼓督战，箭飞如雨，形势已非常危险。延昭仍然从容自若，他率领的守军不满三千人，于是他下令征发城中居民壮丁登上城墙，也像士兵一样披甲执械，日夜护守。这样一直坚持到十月间。此时正是初冬，并不是太冷，正好有一股寒潮袭来，气温骤降。杨延昭命城中军民从井中打水提上城墙，沿城墙往下倒水，一夜之间遂城城墙结满冰凌，变得又坚固又光滑。这样一来，辽军更是攻不下这座城了，只好绕过遂城去进攻别处。这次战役使杨延昭威震边庭，人们将杨延昭守卫的遂城称为"铁遂城"。宋真宗还为此特意召见他，向其询问边策，还称赞他是"治兵护塞有父风"。

咸平四年冬，辽再次发兵侵边，杨延昭与杨嗣一同守卫保州，他在遂城西北的羊山设置伏兵，当辽军攻城时，杨延昭派出少数骑兵从北面袭击辽军，并边战边退，将辽兵引至羊山下，一时间伏兵四起，辽军全军覆没。当地居民为纪念"羊山之伏"的胜利，将羊山改名为杨山。杨延昭也因此役倍受朝廷褒奖，升任莫州团练使。

景德元年（1004），辽圣宗和萧太后又一次举兵南侵，一直打到黄河北岸的澶州，当时的宰相寇准和杨延昭等都力主抵抗，杨延昭更是上书建议，乘辽兵大举南下之际，后方空虚，可出奇兵取幽、易等州，但此时的宋真宗根本没有挫败辽军的信心，杨延昭的建议被否决了。

澶渊之盟订立后，杨延昭视之为国耻，他拒绝朝廷发布的"勿伤北朝人骑"的命令，不断痛歼辽军游骑，而在辽军北退时，他又不顾朝廷"勿追契丹"的命令，独自率领部下打到辽国边界，攻本古城（今山西广灵西南）。第二年杨延昭升任莫州防御使，并出知保州，后又任高阳关路副都部署，主持河北一线的边防。

杨延昭守卫边境达20多年，他和父亲杨业一样，能与士卒同甘苦，遇敌必身先士卒而不居功，深受士卒爱戴。他的名字也为契丹人所畏惧，被称为"杨六郎"。他死后，边疆军民都望棺而泣，就连敌方的契丹人也举哀致敬。

杨延昭的儿子杨文广也是一名武将，北宋中期在陕西与西夏征战，立下不少战功，后来杨文广还出任过定州守将，为抗辽作出了贡献。

在宋朝，杨业、杨延昭、杨文广等杨家几代人英勇杀敌的事迹已被广为传诵，后来，人们根据自己心中的愿望，或出于评书本身的娱乐需要，为其添枝加叶，逐渐演变成了著名的杨家将故事。

四、赵普：半部论语治天下

素以"半部论语治天下"著称的赵普可以称得上是宋朝的第一文臣。在赵匡胤还没有发迹的时候，赵普就已经在赵匡胤的父亲身边当差了，那

时，赵匡胤还和他兄弟相称。后来，赵普成为赵匡胤的幕僚，在陈桥兵变中出了大力。在宋建国之初，赵普更是皇帝的左右手，以至于太祖的母亲杜太后都对他说："我的儿子现在还不会做皇帝，一切还需赵书记劳心。"

赵普的祖籍是幽州蓟县（今北京），他的父亲赵迥在后唐末期举家迁到常山（今河北正定），后晋时，赵普一家又迁居洛阳并长期在此定居。由于原籍已属于辽国控制，赵普便经常自称"常山人"。

由于赵普小时候家境还不错，所以就读了些书，但都不求甚解，并没有积累多少学识，眼看着武功练不成，科举之途也没有希望，他就学着父亲投奔军中做了谋士。

赵匡胤早就知道赵普这个人断事明敏，非常有才能，就把他笼络到自己的父亲赵弘殷帐下听差。赵弘殷赴淮南作战，没想到在滁州生了一场大病。赵普在旁朝夕侍奉，甚得赵弘殷欢心。因为两家同姓为赵，赵普顺势与赵匡胤父子攀附为同宗。同一年，赵匡胤升任殿前都指挥使，选赵普做了节度推官，赵普正式进入赵匡胤的幕府。周世宗死前任命赵匡胤为殿前都点检，并领归德州节度使，赵普也由此升为节度掌书记。

陈桥兵变后，赵匡胤自己的幕僚们在后周的官职都太低，为了稳定局势，只能留用范质、王溥、魏仁浦为宰相，将赵普升为右谏议大夫、枢密直学士，参与掌握枢密院的军事大权。在平定了李筠叛乱后，赵普又升为兵部侍郎、枢密副使，成为赵匡胤幕府中第一个升任两府大臣的人。

宋太祖为了避免宋朝成为继后周之后第六个短命的政权，向群臣征询对策，只有赵普的回答让宋太祖最为满意。赵普建议宋太祖，对藩镇要"稍夺其权，制其钱谷，收其精兵"，以加强皇权；对名望比较高的石守信等军事将领，要收其兵权，以避免可能的兵变。宋太祖采纳了他的建议，逐步实施，收到了良好的效果，赵普更加受到太祖的信任。后来，为了能让赵普做上宰相，宋太祖一天之内将范质、王溥、魏仁浦同时罢免。宋太祖忽略了一点，在任命新宰相时，敕书必须由在任宰相签署才能生效，学识不多的赵普也没有能够及时向太祖提出建议。最后没有办法，只好让皇弟赵光义以同平章事衔签署敕书。

这件事使读书不多的赵普受到很大的刺激。又有一次，宋太祖要改年号，找赵普商议。皇帝改年号必须要找以前没有被用的，当宋太祖定年号为乾德时，赵普在一旁不住地吹捧说改得好。过了很长一段时间，有大臣告诉宋太祖，这个年号曾经被前蜀用过。宋太祖让人一查，果然如此，心里很生气，就用毛笔在赵普的脸上划了几下，没好气地说："看来宰相还是要用读书人才好。"赵普回去不敢洗脸，第二天上朝时脸上仍带着墨迹，赵匡胤看见后笑了起来，嘱咐他赶紧洗去，以后要多读些书才是。此后，赵普上完朝，一回到家中就把自己关在书房里，从箱子里取出书来读。

宋太祖信任赵普，赵普也敢于在宋太祖面前坚持自己的意见。太祖非常信任前朝名将符彦卿，想让他掌管军队，赵普不同意，理由是符彦卿官职、名气都已经很大，再掌管军队就会非常危险。赵普劝了几次，太祖都不听，并避开赵普直接把委任状发了下去，赵普知道后中途将委任状扣留了下来。太祖说："我非常了解符彦卿，我对他的恩情很深，他肯定不会辜负我的，你为什么要苦苦地难为他呢？"赵普只是轻轻地说："周世宗也曾经对陛下很好。还是望陛下收回成命。"太祖愣了一下，默默地将委任状收了回来。

有一次，赵普向太祖推荐一个人做官。接连推荐了两次，太祖都没有同意。赵普并不气馁，再次上朝的时候，他又递上了推荐此人的奏章。太祖看后大怒，狠狠地将奏章撕成两半，扔在地上。赵普趴在地上，并不慌张，他把扯碎的奏章拾起来，放在袖子里。退朝回家以后，赵普把扯碎的奏章粘接起来。又过了几天，等太祖怒气渐渐平息之后，赵普又带着它上朝交给了太祖。宋太祖不胜其烦，只好接受了他的意见。这个人上任之后果然很称职，后来为太祖出了大力，足以证明赵普的眼光。

还有一次，赵普要提拔一名有功的官员，但宋太祖平时特别讨厌这个人，压着不批准。赵普仍然像之前那次那样坚持自己的意见。宋太祖说："我就是不提升他，你能怎么样？"赵普说："古往今来，惩治恶人要用刑罚，奖励有功的人就应该赏赐官位。提拔人才，都是为国家着想，陛下怎么能够凭自己的喜好行事呢！"宋太祖听了大怒，脸都气白了，拂袖而去。赵普紧紧跟在后面，宋太祖走进内宫，赵普就站在宫门外不动。宫门前的卫士见宰相站在门口不走，只能向宋太祖回报。这时候宋太祖慢慢醒悟，就叫太监通知他，说皇上已经同意他的请求，叫他回家。

赵普在劝说皇帝的时候非常贤明，可是处理自己的事情却显得没有那么清醒。他对部下相当严苛,为了争夺权力也暗害了不少人。他对那些可能会对他的地位构成威胁的官员,不仅排挤,甚至进行陷害。他不仅阻挡薛居正、吕馀庆进入宰相的行列,还使参知政事处于宰相助手的地位,使其不能参与决策。宋太祖想起用资历学识都要高于赵普的窦仪出任宰相,赵普为了阻挡窦仪,又推荐薛居正任参知政事,成功地将窦仪排挤出局。后来宋太祖又想起用冯瓒为宰相,赵普就设计陷害冯瓒,将他送入牢狱。赵普还在视事阁坐屏的后面设了两个大瓮,如果有人不依从他的意思,就将其投入瓮中,并在下面点火焚烧。赵普的这些行为激起了不少人的怨愤。

宋太祖也知道赵普有些不法行为,可当有人向他告发赵普时,他却生气地说:"大鼎还有两个耳朵呢,你没有吗?难道你不知道赵普是我的社稷之臣?"于是命人把那人拉下去,在院子里转圈以示悔罪。过了一会儿又让那人上来,在他耳边轻轻地说:"以后不许再说了,今天就放了你,不许对别人讲这些事情。"这是因为当时宋太祖还需要用到赵普,故意不追究他而已。

宋太祖经常事先不通知就直接赶到赵普家中。有一天,太祖登门,

宋·方孔金银钱

看到赵普堂前放了十个大坛子，就问赵普这里装的是什么东西。赵普回答说："这是吴越王钱俶派人送来的海产。"原来，钱俶派人给赵普送了一封信，并顺便给他带了十坛"海产"。赵普还没来得及将它们搬进后室，宋太祖就到了。宋太祖听说是海产，就笑着说："既然是吴越送来的海产，肯定不错，你把它打开来，让我也开开眼界吧！"赵普赶忙吩咐仆人打开坛盖，一看之下，在场的人全都傻了眼。原来坛里放的竟然是一块块的金子。宋太祖的脸立马沉了下来。赵普吓得赶忙跪在地上向宋太祖请罪，说："臣没有看信，实在不知道里面是什么东西，请陛下恕罪。"宋太祖冷冷地说："你就收下吧！他们以为国家的大事都是由你们书生决定的。"

后来告发赵普的人就多了起来，宋太祖终于撤了赵普的宰相职位。

太宗登基以后，赵普又一次感到升迁的机会来临。因为"金匮之盟"与赵普有千丝万缕的联系，太宗也就越来越看重赵普的作用。他下旨任赵普为司徒兼侍中，这是北宋前期最高的宰相职衔，后来又封他为梁国公。

赵普深知太宗的心意，在他又一次担任宰相后，就积极地构陷皇弟赵廷美。赵廷美很快就被罢免了开封尹的职务。赵普又设计诬告赵廷美与次相卢多逊勾结谋反，卢多逊全家被流放崖州，赵廷美的幕僚、小吏有六人

宋·鎏银鱼龙纹铁斧

在这次事件中被斩。接着,赵普又指使开封知府李符,诬告赵廷美整日哀怨不已,廷美被流放到房州(今湖北房县)安置,很快就病死了。

后来,赵普因病被罢相,但朝廷拜其为太师,封魏国公,并继续给以宰相的俸禄。

赵普是不是真的像传说中的那样只读过《论语》呢?有一次宋太宗和赵普闲聊,太宗随便问了一句:"有人说你只读了一部《论语》,这是真的吗?"

赵普老老实实地回答说:"臣所知道的,确实不超出《论语》。过去,臣以半部《论语》辅佐太祖,现在臣用半部《论语》辅佐陛下。"

五、寇准:刚正不阿的宰相

科举制度为下层社会有才能的人士提供了走向高层的机会,太宗也依靠科举网罗了不少优秀人才,寇准就是其中的一位。

寇准是华州下邽(陕西渭南县)人,小时候家庭贫困,虽然十分聪明,却不认真读书。寇准结识了不少市井浪子,每天和他们一起玩狗斗鸡。母亲对待寇准非常严厉,但仍然管不住他。有一次,母亲看他又出去鬼混,气极了顺手拿起一个秤砣砸向儿子,正好打在寇准的脚背上,一时血流不止。寇准终于意识到不能再这样浪荡下去，于是开始发愤读书，十九岁那年就考上了进士，被任命为大理评事，第二年被派到巴东（四川奉节）当了知县。

年轻的寇准在知县任上非常负责，他走遍了巴东的山山水水，走访大村小户，体察民情，了解老百姓的疾苦。在摸清了基本情况之后，他开始进行大刀阔斧的治理。巴东县乱派差役、乱收费和长期积案是民怨最大的问题，寇准雷厉风行地推行自己的新策，将乱摊派的差役全部减免，长期的积案迅速审结，该平反的平反，该严惩的严惩，并处理了一批民愤极大的污吏。寇准上任不到半年，巴东县已变得政通人和、百业兴旺。老百姓将这位年轻的知县亲切地称为"寇巴东"。

寇准在知县任上的作为提高了他的知名度，他官职提升得很快，先后升任盐铁判官、尚书虞部郎中、枢密院直学士等官。寇准少年得志，不仅在当时，就是在我国长期的封建社会中也是少见的。寇准官运亨通，凭的并不是阿谀逢迎、依附权贵，他刚正廉明，连续升迁完全是靠自己的忠诚与智谋，宋太宗就曾经夸他是一个"临事明敏"的人。

进入朝廷后，寇准敢言国事，他的远见卓识更为太宗所赏识。有一次，寇准在殿上向太宗奏事，一句话惹恼了皇上，太宗当即站起来，甩了甩袖子就要准备离开。到了这个时候，一般的臣子早就已经吓得跪伏在地上请求皇上原谅了。可是寇准却不同，他见皇上发火，不但不请罪，反而伸手扯住了皇上的衣角，劝太宗坐下来听完他的奏述再离开。盛怒之下的太宗并没有责罚寇准，反而当着群臣的面夸奖道："我得寇准，就像唐太宗得到魏徵一样啊。"

淳化初年，朝廷处理了两桩受贿案。其中情节非常严重的王淮，贪污的赃款数以千万计，但仅仅是被撤职杖责，而且不久又恢复了原职；而情节较轻的祖吉，却被严惩，处以死刑。刚直的寇准知道这是王淮的哥哥、参政王沔搞的鬼，心中忿忿不平，暗等有机会向太宗陈奏。第二年的春天，中原发生了一次大旱灾，宋太宗召集近臣询问时政得失，大多数的大臣都认为这是天数所致，寇准瞅中机会，借用当时十分流行的天人感应学说，指出旱灾是上天对朝廷刑罚不公平的警告。宋太宗听后，非常生气，不再理他。而转入禁中，太宗又觉得寇准的话肯定是有所根据的，就将他召到近前，问他朝廷的刑罚怎么不公平？寇准回答说："请将二府大臣都叫来，我当着他们的面向陛下解释清楚。"等王沔等人来到后，寇准就在御前把王淮、祖吉两个人的案子述说了一遍，然后看着王沔问道："这样的刑罚难道是公平的吗？"宋太宗当即责问王沔，吓得王沔魂不附体，连连谢罪。至此，寇准更加受到太宗的赏识，被任命为左谏议大夫，现任枢密副使又改为同知枢密院事。寇准由此开始直接参与北宋朝廷的军国大事。

寇准年轻气盛，在朝中树了不少政敌。一天，寇准骑马上朝的时候，路边突然冲过来一个疯子，跪在寇准马前连呼"万岁"。有人抓住这一点在太宗面前大做文章，寇准自然不服，两个人就在御座前吵了起来。太宗一怒之下，把这两个人都贬出了京城。但这时宋太宗已离不开寇准了，寇

寇准像

准去青州后，太宗闷闷不乐，经常询问有关寇准在青州的情况。左右的人都不喜欢寇准，说他现在每天都在青州饮酒作乐，恐怕是想不起陛下您来了，太宗就不说话了。但到了第二年，寇准还是被召回京师，拜为参知政事。至道元年（995）又升为给事中。

当时宋太宗年事已高，他腿上的箭伤经常发作，身体日渐衰弱，立皇储一事已经成为太宗的心头之患。因为太祖赵匡胤死后，他的儿子德昭没有能够继位。现在太宗传位，就面临两个选择：立自己的儿子，还是立赵氏宗族中其他有才能者。当时一般的大臣都不敢谈立储的事情。一个叫冯拯的大臣曾因上疏请立皇储，触到了太宗的痛处，被太宗贬到了岭南。从此朝野上下没有人再敢议论此事。

寇准刚从青州还朝，入宫参见太宗。当时太宗箭伤发作，揭开衣服让寇准看过伤情后，伤感地问道："你怎么现在才回来？"寇准回答说："我是一个被贬之人，没有您的召见我不能回京。"太宗接着问他："你看现在应该立谁为皇太子？"聪明的寇准早就已经猜到太宗这次召见他的目的，他成竹在胸，但并没有直接回答太宗的问题。他告诉太宗："为天下选择国君，不能与后妃、中官（太监）商量，也不能与近臣谋划；应选择众望所归者立为太子。"太宗低头沉吟了好久，挥手让左右的人退下，轻声问寇准："你看襄王怎么样？"寇准心中暗喜，但不露声色，他顺水推舟地说："知子莫若父。陛下既然认为襄王可以，就请赶紧决定吧。"不久，太宗便宣布襄王赵恒为开封尹，改封寿王，立为皇太子。太宗携太子拜谒祖庙回城时，京城的人们都拥挤在道路争着看皇太子。人群中有不少人大声地赞叹称太子为"少年天子"。太宗听后很不高兴，问寇准：

"人心都向着太子,那把我放在了什么位置?"寇准向太宗一拜再拜,大声祝贺道:"陛下选择的皇储深得人心,这正是国家的福气。"太宗的脸色这才变得好看起来,赏寇准对饮,一直喝得大醉才罢。有人给太宗献了个宝物——通天犀,太宗令人加工成两条犀带,一条自用,另一条赐给了寇准,可见太宗对寇准的器重。

没过多久,因为提拔官员的事,寇准又在殿上和反对他意见的大臣争吵了起来,太宗不想将这件事情闹大,对寇准说:"你现在身为执事,在朝廷上与人争辩,太过失礼了。"但寇准仍然力争不已。第二天,寇准不肯服输,仍与人据理力争。这一次,太宗不高兴了,他说寇准:"雀鼠还能够知道看人脸色,更何况是人呢?"时任宰相的吕端更是站出来对皇帝说寇准"性刚自任",应予惩治,宋太宗终于又把寇准逐出了京城,将他调到邓州(河南邓县)做了个小小的知州。

到了真宗朝,寇准再次被召入京城,并出任宰相。寇准在宰相任内,积极抗辽,功勋卓著,但由于他刚正不阿的性格,又有数次被罢官,后来,寇准被贬到雷州,最终病死在那里。

寇准逝世后,他的妻子将灵柩运到洛阳安葬。在经过湖北公安时,当地民众念及寇准的恩德,将竹子插在地上,上面挂祭物祭拜他,而后将竹子、祭物等焚烧。过了一段时间,焚烧祭物的地方竟然长出了竹笋,并蔓延成林。当地

墨竹图卷(局部)

人就在附近为寇准建立了祠堂，还把那些竹子称为"相公竹"。

点评

作为宋朝开国后的第二个皇帝，宋太宗还是颇有些作为的，虽然收复燕云十六州失败，但他毕竟彻底结束了五代十国的分裂割据局面，统一了中原。

太宗在位期间加大了开科取士的力度，使大量的文人通过考试走上了仕途。这与太宗皇帝是一个爱读书的人是分不开的。他曾经过说："开卷有益，朕不以为劳也。"民间就流传着他"竟（整）日读书"的图画。他还命人将前朝历史、天文、地理等百科知识编成一千卷，还给这本书定名为《太平御览》。

不过，因为太宗是在"烛影斧声"中登上皇位的，一做上皇帝就背上了杀兄的罪名，所以他的为人经常为人所诟病。他废自己的弟弟廷美为庶人后杀掉，又废其长子楚王元左为百姓，还用毒药将李煜毒杀等等，从中也可以看出太宗为人狠毒的一面。

相关链接

赵炅小传

赵炅（939—997），北宋第二位皇帝，976—997年在位。太祖赵匡胤的同母弟弟，初名匡义，后改名光义，称帝后又改名炅。他采用宫廷政变的方式取得政权，即位后迫使吴越王钱俶和割据漳、泉二州的陈洪进于978年纳土归附。979年亲征太原，灭北汉，结束了五代十国的分裂割据局面。979年和986年两次攻辽，企图收复燕云十六州，都遭到失败，从此对辽采取守势。为加强中央集权，他继续将各地节度使调至开封，解除他们的兵权。他大大扩充科举取士名额，使大批文人进入朝廷任职。并于在位后期，镇压了四川王小波、李顺领导的农民起义。

他同样重视文化建设，关心图书事业。至道元年（995），命裴俞出使江南两浙诸州，寻访图书，如愿进纳者，优给其值；不愿进纳者，乃差书吏借本抄写，抄毕奉还。数年间，使北宋政府藏书大为充实。后又逐步建有藏书楼"尊经阁""太清楼""玉宸殿"等，每处藏书都在万卷以上，对北宋藏书建设做出了贡献。

在位二十二年。性嗜学，工文业，多艺能。尤工书法，米芾称其"真造八法，草入三昧，行书无对，飞白入神"。常以所书赐大臣。遣使购募古先帝王名臣墨帖，集为十卷，淳化三年冬，诏刊之，后大臣登二府，皆以赐之。卒年五十九。

木缘塔

第三章 用银绢换来的和平岁月

一、澶渊之盟

宋真宗是太宗赵光义的第三个儿子，他小时候就生得仪表非凡，在与人玩耍的时候，爱排兵布阵指挥"战斗"，并自称"元帅"。太祖赵匡胤很喜欢这位侄子，把他养育在皇宫之中。真宗五六岁时，一次去万岁殿玩，装作大人的样子，大模大样地走上台阶，直接朝龙榻走去，像模像样地端坐在上面。太祖刚上朝，看见自己的这个小侄子正坐在自己的宝座上，还装得有模有样，就笑着问他："皇帝好当吗？"小孩子眨了眨眼，回答道："做皇帝全由天命。"太祖很是惊奇，当着群臣的面对他赞赏有加。

宋真宗即位后，大行封赏，追复被父亲贬死的皇叔赵廷美的秦王爵位，追赠堂兄赵德昭为太傅，追赠小堂兄赵德芳为太保。由此可见，真宗的为人比起他的父亲太宗要仁恕得多。

但这位少时聪颖，继位后也极为勤政的皇帝却是一个非常胆小的人。他刚坐上皇位没有多久，辽军就大举侵入宋境。好在这次辽国见好就收，大肆抢掠之后就退了回去。第二年，辽军再次来犯，又一次被宋军击退。

面对辽国咄咄逼人的气势，宋真宗有些束手无策。这时，有人向他举荐寇准，真宗说："知道这个人的才能，只是他过于刚强，太好耍脾气。"这位大臣说："现在辽国屡屡犯边，正需要寇准这样刚正不阿、忘身殉国的人才，他来之后必定能解现在朝廷之危。"于是，真宗拜寇准为宰相。

此时，辽国国主为辽圣宗耶律隆绪，但由母亲萧太后摄政。萧太后胆识过人，韬略不让须眉，在她的治理下，辽国国力大增。

景德元年（1004）闰九月，萧太后和辽圣宗再度率军攻宋。辽军声势浩大，号称有二十万人。辽军此次进攻采取了避实就虚的策略，绕过许多宋军坚守的州县，直扑到黄河边的澶州（今河南濮阳）。河北的大片领土已经陷入辽军之手，与澶州一河之隔的都城开封也暴露在辽军的威胁之下。

前线宋军的告急文书一天之内就发来了五次，北宋朝廷上下慌作一团。唯独刚刚走马上任的宰相寇准还是像往常一样平静，他还特意把告急文书扣留下来，不让宋真宗知道。宋真宗听到风声后向寇准询问，寇准才把一堆急报都拿出来，摊在真宗眼前。宋真宗一见这么多急报，也是慌了手脚，急急忙忙地问道："寇爱卿你看这可怎么办才好？"寇准仍是不慌不忙，他回答道："陛下是想尽快解决这件事，还是想慢慢地来？"宋真

采薇图

宗当然是想尽快使辽兵退去，寇准趁势说："只要陛下亲征，不出五天时间，辽军即可退去。"

在对辽国的战争中，宋太宗高梁河惨败一直是宋朝君臣挥之不去的阴影。况且，自古以来，皇帝御驾亲征都非同小可，宋真宗不像太祖和太宗皇帝，他自幼在深宫长大，从没有打过仗，况且他又是个胆小软弱的人，听了寇准的话，他拿不定主意是不是要御驾亲征。他面带难色，站起来就要回内宫。寇准连忙上前拦住，力劝宋真宗不要动摇，真宗才勉强同意第二天上朝议亲征一事。

第二天，朝堂上爆发了激烈的争吵。参知政事王钦若等人不但不主张真宗亲征，甚至还力劝真宗迁都金陵或成都。王钦若的职务相当于副宰相，看到这样的人主张逃跑，寇准大怒，他当着王钦若等人的面就说："谁为陛下出这样的馊主意，就可以斩下他的头来祭旗，然后发兵北伐。"王钦若等人听了这话，全都脸色煞白，站在一边不再说话，真宗则低头不语。寇准放缓了语气："现在敌军孤军深入，已是强弩之末，而我军力量尚强，只要皇上御驾亲征，鼓舞士气，派奇兵袭扰敌后，必定能够大获全胜。如果陛下此时放弃都城，必将使全国人心涣散，到那时，恐怕天下也不能保得住了。"寇准的意见得到了宰相毕士安和武将高琼、杨延昭等人的支持，真宗内心虽然很不情愿，但这时形势逼人，朝堂上主张亲征的一派占了上风，真宗迫不得已，勉强同意亲征。

此时，辽军的气势非常旺盛，辽国萧太后不顾年过半百，依然戎装上阵，亲自擂鼓助威。当宋真宗的车驾到达澶州时，辽大军已经抵达澶州北城。宋时黄河还没有改道，澶州被黄河拦腰分成南城和北城。宋真宗远远地看见黄河对岸烟尘滚滚，知道战事非常激烈，心中胆怯，不敢过河，就把大军驻扎在了澶州南城。寇准认为澶州北城的将士们正在浴血奋战，如果皇帝能够亲临，必将极大地鼓舞士气，所以力请宋真宗渡河。但宋真宗却很不情愿，不过公然拒绝宰相的提议也就表示自己怕死，所以他只是默不作声。寇准又请来武将高琼，和他一起再去见宋真宗。宋真宗见寇准已走，刚刚缓了口气，谁知没多长时间，寇准又来了，立时头就大了。寇准说："陛下如果认为我刚才的话不足为信，可以问问高琼。"宋真宗还没来得不及说话，高琼便说："寇大人的话很有道理。陛下千万不要再考虑迁都江南，随军将士的父母妻子都在京师，他们怎么可能抛弃家中老小随陛下只身逃往江南呢。"宋真宗仍然是一言不发。高琼当即命令士兵把宋真宗的车驾转向北城行进。到了黄河渡口浮桥前，宋真宗又一次停下来。高琼用铁锤击打宋真宗御车车夫的后背，推龙车上船，迫使宋真宗渡过了黄河。

真宗待在车驾里心惊胆寒，但大宋皇帝的黄龙旗在澶州北城楼出现时，城下宋军与百姓立即齐呼万岁，欢声雷动，声音传出几十里，宋军因而气势倍增。真宗在澶州北城只是象征性地巡视了一下，仍坚持回到了南城行宫。不过，宰相寇准就此留在北城，负责指挥作战。真宗回到南城后，仍然是放心不下，好几次派人前往北城探视寇准的举动，发现寇准竟然在北城城楼上与人喝酒下棋，十分镇定。看寇准如此胸有成竹，宋真宗才算放下心来，不再像前些天那样恐慌。

此时，辽军孤军深入中原腹地已经很长时间，由于供给线长，粮草难以为继。而宋军由于真宗御驾亲征，士气高涨，集中在澶州附近的军民多达几十万人，局势明显对宋军有利。宋真宗却早在离开京师的时候，就暗中派出了使臣曹利用与辽议和，萧太后这时同样也有了议和之心。

虽然寇准坚决反对议和，但无奈真宗执意如此，致使宋臣中的议和派占据了上风。这些人联合起来，攻击寇准拥兵自重，甚至说他图谋不轨。最终寇准也被迫放弃了战斗的主张。

宋、辽双方开始在宋朝每年给辽国银绢的数量上讨价还价，曹利用就此请示真宗，真宗说："如果实在迫不得已，一百万可以接受。"曹利用刚从宋真宗的行宫出来，就被一直守候在门外的寇准拦住。寇准警告曹利用说："虽然有圣上的旨意，但如果你去交涉时答应所给银绢超过三十万，回来我一定会砍你的头！"最终，宋、辽双方以三十万银绢订立了和约，史称"澶渊之盟"。

澶渊之盟达成以后，宋真宗向曹利用询问结果，曹伸出三个手指，真宗大吃一惊，误以为给了辽国三百万银绢，说："太多了！"但想了一想，认为以此换来和平，也还算值得，就说："三百万就三百万吧。"最终弄清了只给辽国绢二十万匹、银十万两，合计银三十万两时，真宗又大喜过望，重重奖赏了曹利用，甚至还写诗与群臣唱和，以此来庆祝。

澶渊之盟以后的一百二十年间，辽、宋之间都没有兵戎相见，长期保持友好往来，边境地区的经济、文化交流得到加强。但澶渊之盟也开了

宋·玻璃葡萄

"岁币"的先例，以后，每有外族入侵，宋室都用银绢来换取和平，直接导致了宋朝积弱积贫的状态。

二、真宗的造神运动

"澶渊之盟"后，辽主尊称宋主为兄，但宋朝却要每年给辽国白银十万两、绢帛二十万匹。真宗以为用较少的钱财就换来了一个和平盛世，是一件非常值得的事，所以开始时，他并不以之为耻，而是把这看作自己的战功。

但参知政事王钦若却不这样认为。这个人在辽军入侵时曾主张迁都金陵，被寇准遣到边关驻防后，在强敌面前只会紧闭城门，修斋诵经。他虽然对辽国的进攻束手无策，但是在侍奉皇帝、打击政敌方面却非常有才能。为了自己的政治目的，王钦若极力在真宗面前将"澶渊之盟"描绘成宋朝的耻辱，还说宰相寇准是将真宗当作赌注来为自己捞取名利。真宗听信王钦若的话，不久就将寇准降职外放。

真宗本是个意志软弱的人，自从听了王钦若的话，也将澶渊之盟视为奇耻大辱，想着应该找一个方式来挽回面子。于是王钦若献计："陛下只要到泰山封禅，就能够显示宋朝的富足，镇服四海。"

封禅泰山自古以来都是盛典。秦始皇、汉武帝都曾经在泰山上祭祀天帝，以此来证明自己拥有统治天下的天命。真宗要想封禅，但一无战功、二无国喜，去泰山就显得"师出无名"。王钦若就又向真宗献策，建议用人工的方法制造"天书降神"的假象，以此蒙骗天下万民。王钦若说："传说伏羲时有龙马从黄河中钻出来，背上带有八卦图形；夏禹时有神龟从洛水中钻出，背上刻有怪异的文字。陛下真的以为这些所谓的《河图》《洛书》是真的吗？那不过是圣人利用神道设教教化天下而已。"但真宗怕宰相王旦会反对，就让王钦若去做说服工作。在得知王旦有愿意顺从的意思后，真宗亲自设宴招待王旦，散席时又特地赐给他美酒一樽，让他带回去与妻儿同享。王旦回家后才发现，原来樽中装的不是美酒，而全是贵重的珍珠。王旦明白了皇帝的决心，就不敢对这件事再持异议了。

真宗依计而行。一日早朝，他向群臣宣布："昨日半夜，刚要就寝，忽然发现宫中有一房间发出异光，看见神人穿戴星冠绛袍，告诉朕说：'要在宫中建黄檀道场，皇帝诚心祈祷一个月，到正月就会有天书《大中祥符》三篇从天而降，千万不要泄露天机。'"此后，宫中就忙了起来，朝元殿建道场，皇帝穿着道袍每日斋戒烧香。到了第二年正月，果然有官吏奏报：左承天门屋南角上发现有一条黄绸落下。宰相王旦等人率领众官前来向真宗道贺，说这一定是天书了。真宗走到城门下，向天书拜了又拜，然后让内侍爬上去取了下来，迎到宫中。撕去封帛后，里面果真有三幅黄字天书，词语类似《尚书·洪范》和《老子·道德经》，大意是说真宗能以至孝至道绍世继位，晓谕他为政要清静简愉，使宋朝世祚延永。真宗将"天书"封藏于金匮之中，并改承天门为承天祥符门，并将这一年改为大中祥符元年。

就这样，真宗为自己进行泰山封禅找到了正当的理由。很快，有兖州及各地进士840人联名要求封禅，兖州知州也率领官属上表以请，宰相王旦更是声势浩大地率文武百官、诸军将校等两万余人请真宗举行封禅。

大中祥符元年四月，真宗正式下令泰山封禅，指派王旦为封禅大礼使，王钦若、赵安仁为封禅经度制置使。六月，王钦若到兖州视察并安排封禅相关事宜。十月初四日，真宗一行从开封出发，经过十七天的跋涉，于十月二十日到达泰山下。这时，泰山的天气一度变阴，还刮起了大风。不过等到举行封禅大典时，天气却突然晴和起来，一丝风也没有。于是，众臣又上表贺喜，宋真宗也认为这是神灵保佑。

皇帝登山可不是像一般人那样往上爬，从山下到山顶，每隔两步都要安排一个帮扶。封禅礼仪正式开始后，程序极其烦琐，要三献、读玉册、封金玉匮、阅视，等等。待一切进行完毕后，所有参与封禅的人都在山下

浸种图

高呼万岁，声音震动山谷。

此次泰山封禅，真宗共花费了国库中八万多贯钱。之后，他还下令由王旦等人撰写《社首坛颂》来歌颂自己的功绩。澶渊之盟后很长一段时间，辽国都没有大举进攻宋朝，双方相安无事，于是，很多宋朝人就真的以为这是真宗封禅的功劳，而实际上，是辽国内部在政权上发生变动，已腾不出力量来进攻宋朝了。

王旦完全可以称得上是一位不可多得的贤相，在封禅运动中，他早就识破了王钦若的阴谋，并不是贪图一坛珠宝，只是在看到无法改变皇帝的决心时，他才不得不为伪造的天书圆谎。自此以后，作为宰相的王旦不得不一次次地带头欢呼庆贺，一次次奉着伪造的天书主持各种大典。这使他的良心受到强烈的自责，晚年时常常闷闷不乐。临终时，他给儿子留下遗嘱，说："我这辈子没有其他大的过错，只有没能劝阻天书这件事，是我永远也赎不了的罪。我死之后要剃掉头发，穿上黑衣服下葬，以向天地表明我的谢罪之心。"

比起王旦来，寇准在天书封禅中扮演的角色更不光彩。他受王钦若排挤后当了十三年的地方官，显得有些落寞。天禧三年，巡检朱能与太监周怀政勾结，谎称发现了天书，而发现天书的地点正好在当时寇准的辖境，他女婿王曙与周怀政关系密切，劝寇准与朱能合作。寇准经不起诱惑，就将"天书"降临的"喜讯"上报朝廷，并因此得到真宗的好感。王钦若罢相后，寇准又一次获得宰相的任命。当时有人劝寇准："你最好在到达京城后坚决称病，要求改任地方官，或者入朝廷后揭发各地的天书骗局，如果您再当宰相，恐怕会毁了一生英名。"后来，伪造天书的事终于被揭发，寇准再次被贬出朝廷。

天书封禅以后，宋朝各地都不断有各种奇迹上报朝廷，有地方官说他的辖区出现了苍龙，又有人说泰山冒出了一股仙泉。各处官员还纷纷向真宗奉献灵芝，还有人把长有两个穗头的稻子呈上朝廷，被真宗命名为嘉禾。更有那些溜须拍马的官员，制造异象，以博取高升。汀州人王捷向上报告，说自己在南康遇见一位赵姓道士，传授给他炼丹术和一把小环神剑，这位道士就是圣祖（赵氏的始祖）司命真君。于是，王捷被赐名中正，封为左武卫将军，备受真宗宠幸。

为了永久供奉天书，真宗决定修建玉清昭应宫。本来这座宫殿预计要用十五年的时间建成，但总指挥（修宫使）丁谓下令打破常规，日夜施工，而在验收的时候，有丝毫不合格就全部拆毁重建。结果，这座有两千六百多间的宏伟建筑在七年内就建成了，只是所花的钱财也比当初的预算多出了好几倍。

真宗算不上是一个昏庸的皇帝，毕竟他通过澶渊之盟，为宋朝换来了一百多年的和平岁月。但他自导自演的天书封禅运动，却是劳民伤财，为本该清明的朝廷平添了许多乌烟瘴气。

宋·鎏金银八角盘

三、仁厚的仁宗皇帝

宋真宗死后，仁宗即位，这位仁宗皇帝虽然没有什么大的成就，却也算得上是一位难得的好皇帝。作为一个守成之君，仁宗恪守祖宗法度，他的武功谋略不及太祖、太宗，在与西夏的长期对峙中没有出色的表现，军事上处于弱势地位。然而，仁宗性情温厚，知人善任，为了解决当时社会存在的诸多弊端，提拔重用了一大批对当时和后世都产生了重大影响的人物。仁宗在位时期，朝廷上出现了一大批名臣。

仁宗在位四十二年，是两宋时期在位时间最长的皇帝。他即位时还年幼，由养母刘太后垂帘听政。刘太后死后，仁宗才得以亲政。

虽然贵为皇帝，仁宗的饮食起居却都非常简朴，他平时就常穿着旧衣裳，宫中的陈设也很多年都不更换。有些大臣实在看不过去了，劝皇上弄些新的东西摆在宫中。仁宗说："宫中所用的钱都是百姓膏血，哪能够轻易浪费。"

有一天早上起来，仁宗对亲信的太监说，昨天夜里饿了，睡不着，想吃烤羊腿，给我烤点儿来吃。那太监笑着说："皇上为什么昨晚不召我来办这件事呢？"仁宗道："宫里想要什么东西，下面就会形成惯例，假如晚上让你去办，以后大家知道我晚上喜欢吃烤羊，必定每晚都要预备，那得要杀多少羊啊，太过劳民伤财了。"左右近臣听了，无不为之感动。

又有一天，皇上见餐桌上有时鲜的蛤蜊，非常好吃，就高兴地对侍从说："今天的这道菜很不错啊。从哪儿来的？多少钱一斤啊？"侍从见皇帝吃得高兴，心里也非常兴奋，就回道："这是海边送来的呢。一次送来二十八枚，每枚值千钱。"仁宗一听就不高兴了，说："我常告诫你们不要侈靡，我现在动一下筷子就得花那么多钱，实在是吃不下去了。"

皇帝没有几个不好色的，仁宗也不例外，但他并没有因为自己是皇帝而过度放纵。有个叫王德的大臣把一名美女送给皇上，仁宗很是受用。但很快就有大臣来劝谏了，这个人就是前朝宰相王旦的儿子王素，他恳请皇上应以国事为重，不要贪恋女色。仁宗皱着眉头听着，虽然很舍不得，最后还是咬着牙同意了送该女出宫。王素看皇上为难的样子，就顺势说道："皇上知错也就是了，既然这名女子已经进宫，过几天再送出去也为时不晚。"一听这话，仁宗竟然流下眼泪，说："我虽是帝王，人情也是和大家一样的，她留在我身边待久了，与我有了感情，我怎么舍得赶她走啊。"

仁宗善于纳谏。名传千古的包青天包拯就是仁宗的臣下，在他担任监察御史和谏官期间，经常犯颜直谏，有时唾沫星子都飞溅到仁宗的脸上。但仁宗并不生气，一面用衣袖擦脸，一面还是接受了他的建议。有一

宋仁宗像

次,包拯在朝堂上要拿掉三司使张尧佐的职务,理由是他太过平庸了。这个张尧佐是仁宗宠妃张氏的伯父,仁宗就有点为难。最后他想了个变通的办法,让张尧佐去当节度使,没想到包拯还是不同意。仁宗有些生气,说:"你不要再说这个张尧佐了!节度使只是个粗官,你争这个干什么?"包拯的回答非常不客气:"节度使是太祖、太宗都曾经做过的官职,哪能说是粗官。"最终,这个张尧佐还是没能当成节度使。仁宗回到后宫,对张贵妃说:"你呀,只知道节度使、节度使,你怎么不知道那个包拯是御史啊?"

仁宗一朝不仅出现了包拯,还有"先天下之忧而忧,后天下之乐而乐"的范仲淹,以及倡导文章应明道、致用,领导北宋古文运动的欧阳修……而仁宗庆历初年由范仲淹主持实施的"庆历新政"更成为王安石变法的先导。

"忍把浮名,换了浅斟低唱"的柳永也生活在仁宗时代。柳词人好不容易通过了考试,但仁宗却认为他不适合做官,御笔批道"且去浅斟低唱,何要浮名"。这个柳永顺势说自己是"奉旨填词",以此讥讽仁宗。柳永并没有因此被杀头,后来,柳永不再生仁宗的气,还大唱"愿岁岁,天仗里常瞻凤辇"(意为老百姓希望年年都能看到宋仁宗的仪仗,瞻仰宋仁宗的风采)这样歌功颂德的词句。

关于仁宗的身世,有一个流传很久的故事——"狸猫换太子",说李氏和刘氏在真宗晚年同时怀孕,为了争当正宫娘娘,工于心计的刘氏就将李氏所生之子换成了一只剥了皮的狸猫,并污蔑李氏生下了妖孽。真宗大怒,将李氏打入冷宫,而将刘氏立为皇后。后来李氏所生男婴历经波折终于登上皇位，这就是仁宗。在包拯的帮助下，仁宗终于得知真相，并与已双目失明的李氏相认，而刘太后则畏罪上吊死了。

事实上，仁宗确实是李氏所生。这个李氏，本是刘氏的侍女，因为庄重寡言被真宗看中，从而选为嫔妃。真宗的后妃们曾经为他生过五个男孩，都先后夭折了，为此，真宗忧心如焚。李氏有身孕，真宗自然是非常高兴，而李氏后来也的确产下一个男婴。真宗中年得子，当然是喜出望外。不过，这个孩子生下来没多久，就在真宗的默许下，被一直未能生育的刘氏抱养，当成是自己的儿子。生母李氏惧怕刘后的权势，眼睁睁看着自己的孩子被别人夺去也不敢流露出半点不满，生怕给自己和亲生儿子带来灾难。

乾兴元年（1022），十三岁的仁宗即位，刘氏以皇太后身份垂帘听政。实际上在真宗晚年，刘皇后就已经基本上控制了朝政，宰相丁谓等人对她也是俯耳听命，真宗留下遗诏，要"皇太后权同处分军国事"，相当于让刘后掌握了最高权力。

刘太后在后宫及朝廷内外都能一手遮天，在养母的权力阴影下一天天长大的仁宗，直到刘太后去世，都一直不知道自己的亲生母亲就是先皇嫔妃中的李顺容。明道二年（1033），刘太后病逝，仁宗刚刚亲政，这个秘密才被公开。向仁宗诉说身世的极有可能是后宫中的杨太妃，她自仁宗幼年时期便一直照料他的饮食起居，仁宗对她极有感情，在宫中称刘后为大娘娘，称杨太妃为小娘娘。杨太妃心底下与刘太后有些不合，但刘太后在世时，她也不敢直说，而刘太后的去世，使朝中政治形势发生逆转，在这样的环境下，她才敢告诉仁宗真相。

此时，生母李氏已在明道元年时就不明不白地死去了。仁宗知道了自己的身世，其所受震惊可想而知。他抑制不住内心的悲伤和愤怒，一面亲自乘坐牛车赶赴安放李妃灵柩的洪福院，一面派兵包围了刘后的住宅，因为他担心自己的亲生母亲是被人害死的，想调查清楚再做处理。仁宗下令打开棺木查验真相。当棺木打开，以水银浸泡、尸身不坏的李氏非常安详地躺在棺木中，容貌如生，服饰华丽，仁宗这才放下心来，下令撤去包围刘宅的士兵，又到刘太后遗像前焚香，说：“从今以后，大娘娘平生不会被冤枉了。”

其实，李氏死后是由刘太后下令厚葬的，还将她追封为宸妃，怕的就是万一将来仁宗知道真相后，也可以保全刘氏一门的性命。虽然生母得以厚葬，但却无法冲淡仁宗对李氏的愧疚，他决定给自己的母亲生前没能得到的名分。经过与大臣商议，最终，将真宗的第一位皇后郭氏列于太庙之中，另建一座奉慈庙分别供奉刘氏和李氏的牌位。刘氏被追谥为庄献明肃皇太后，李氏被追谥为庄懿皇太后。

点　评

真宗在位时，宋朝已经建国三十多年，太祖皇帝创下的祖宗之法开始露出弊端。

扬州知州王禹偁就曾上书真宗直言冗兵、冗官及进士取人太多的危害。真宗即位半年后，从鲁西到西安沿黄河两岸的饥民、士兵发动了十多次暴动，可见到真宗时，宋朝社会矛盾开始激化。真宗在前期还有志于改革弊政，让十五路转运使轮流返京述职，详尽报告他们在任期间兴利除弊的成绩，并授权他们考察地方官员的实际能力，以此决定其升免。他还派遣朝廷使者到各地决狱，访民疾苦，并不时下诏减免地方赋税、钱粮。

与辽订立"澶渊之盟"后，岁币成为国家的负担，而为掩盖澶渊之盟的屈辱进行的天书封禅，更是耗财无数。但真宗毕竟还算不上过于昏庸，此时的宋朝，仍算得上是国力强盛。

相关链接

赵恒小传

赵恒（968—1022），太宗赵炅第三子。初名德昌，后晋封寿王，任开封府尹。宋圣道元年立为皇太子，改名恒。至道三年太宗死，继立为帝，次年改元咸平。景德元年辽国攻宋时，采纳寇准建议，亲赴澶州前线，挽回败局，但终与辽订立澶渊之盟，由宋朝上贡给辽岁币银十万两、绢二十万匹，换得辽军撤走，开创纳岁币求和苟安的先例。战后为掩盖澶渊之盟的屈辱，伪造天书下降，至泰山封禅，并改年号为"大中祥符"，率众兴建道观，道教至此大盛于天下，耗财无数。在位二十五年，庙号真宗。

四景山水图（夏）

第四章 维新派的强国之梦

一、先天下之忧而忧

仁宗登基以后，宋王朝的内忧外患开始逐步显现。庆历年间，北宋和西夏开始了全面的边境战争，宋军接连吃了三次败仗，而这个时候，国内又出现许多农民起义和叛乱。形势逼人，仁宗不得不想方设法来解决这些危机，这一次，他找到了范仲淹。

仁宗在天圣年间就知道了范仲淹这个人。当时，范仲淹刚到京城，任秘阁校理，他大胆上书给垂帘听政的刘太后，认为皇帝以九五之尊不应率百官在太后寿辰时向其行跪拜之礼，应由宰相来代替。当时朝中大臣都知道皇帝上寿行礼是非常不妥当的，但惧怕刘太后的权势，没人敢说出来。同一年，范仲淹又上书太后，请求还政于仁宗。刘太后当然不予理睬，范仲淹便愤然请求外放。范仲淹的这些刚烈行为给年轻的仁宗留下了深刻的印象。

范仲淹小时身世不幸，两岁时父亲就死了，母亲改嫁他人。范仲淹少年就胸怀大志。据说他曾经在一座庙里向神询问："我将来能不能当宰相？"神说不能。范仲淹便接着道："不能当宰相，那我能不能做一个治病救人的好医生呢？"虽然这只是一个传说，却充分说明了范仲淹从小就怀有济世救人的理想。范仲淹小时家里条件不好，学习条件非常艰苦，常人不堪承受，但他依然刻苦攻读。根据范仲淹自己后来的回忆，当他和一位姓刘的同学在长白山读书时，每天煮两升粟米粥，等它冷了凝固之后切成四块，早晚各吃两块；把蔬菜切碎，加上半杯醋、一点盐，烧熟了当菜吃。这样的生活一过就是三年。

大中祥符四年（1011），二十三岁的范仲淹告别母亲，到应天书院读书，这家书院非常有名，是北宋四大书院之一。范仲淹读书非常勤奋，冬天的时候，读书累了，他就用冷水洗洗脸，接着再读。年轻时艰苦的求学生涯使范仲淹掌握了丰富的学识，更磨炼了他坚强的意志。

仁宗亲政以后，将范仲淹从地方召回京城，升他为右司谏。这时刘太后已死，朝野上下攻击太后垂帘政事的人越来越多。虽然范仲淹此前强烈要求太后还政，并因此受到不公正的待遇，但他却没有借机进行报复，而是劝告仁宗："太后受先帝遗命，佑护您十多年，就算是有一些小小的过失，也应当遮掩过去，以保全太后的声名。"仁宗听了很是感动，下令不许议论太后垂帘时的事情，从此更加敬重范仲淹。

当宋朝西北边境局势紧张起来之后，仁宗让范仲淹出任陕西路永兴军的知军州事（今陕西西安一带）。后来，宋仁宗任命夏竦为陕西经略安抚招讨使，全面统筹边防，任命范仲淹和韩琦并为陕西经略安

宋·黑花婴戏图瓷罐

抚招讨副使，分别负责延路（今陕西延安）和泾原路（今甘肃平凉）。

西夏的首领元昊原来称臣于宋朝，看到大宋军备日益废弛，就自称皇帝，并把国内十五岁以上的男子都征发为兵，纠集了十万人马，向宋挑衅。

赶赴边关抗敌的范仲淹已经五十二岁了，鬓角开始出现了斑斑白发，但是忠心报国的热忱仍是不减当年。范仲淹首先来到处境最险恶的延州，这里到处是断壁残垣，茅庐草舍被焚烧成了废墟，百姓死的死，逃的逃，少数留下的也是无衣无食，有家难回。

范仲淹决心保卫边疆，让百姓安居乐业。一连数天，他深入边境视察，听取守边将士的意见。通过调查分析后，范仲淹认为：宋军人数虽然较多，但缺乏精兵强将，战斗力差；西夏军人数较少，但兵强马壮，战斗力很强。另外，西夏境内山川险恶，沙漠广袤，其都城又远在黄河以北，如果宋兵孤军深入，粮草辎重的运输线太长，很容易遭到敌人骑兵的截击，所以不宜采取深入敌境大举进攻的方针。范仲淹同时看到，西夏虽然兵力较强，但国家的经济力量非常薄弱，粮食不足，绢帛、瓷器、茶叶等更是需要从宋朝输入，只要宋军修固边城，进行经济封锁，同时训练精兵，守住险要的关隘，就可以使西夏军无机可乘，时间一长，西夏经受不起拖延，就只有讲和一条路了。于是，范仲淹向朝廷提出了一整套以防守为主的御敌方针。但当时有许多人主张坚决进攻，认为宋军拥有二十万重兵，却只守在边界，是怯弱的表现，而且长期屯兵边境，耗资太大，应该调集精兵，对西夏采取进攻的策略，速战速决。结果，急于求成的宋仁宗采用了进攻的主张。

后来，主帅韩琦贸然出兵，结果陷入西夏军队的埋伏圈内，死伤一万多人。之后，宋军又与夏在定川砦遭遇，结果宋军全军覆没。

交战失利迫使宋仁宗放弃了进攻方针，改用范仲淹的守策。于是，范仲淹大展身手，在宋、夏交界的前沿阵地修筑寨堡，建立军事据点，并精练士兵。范仲淹听取部下的建议，在延州东北二百里古宽州的地方筑起了一座新城。这里地处要冲，右可以保障延州的安全，左可以得到山西的粮食。

范仲淹像

筑城后，在这里开辟荒田，收获不少粮食补充军粮；又招募通商，经济上逐渐充实起来。范仲淹的这些措施，使边境的经济迅速得到恢复，军事力量也得到了明显的加强，西夏军队不敢再轻易进犯。

范仲淹还采取措施，大力安抚宋、夏交界处的各少数民族。这些部族在宋、夏战争时持观望态度，范仲淹一面修筑城堡，切断他们与西夏的联系，另一方面召集他们的部族酋长，亲自接见，推心置腹地相谈，并发放粮食、农具等帮助他们恢复生产。这些部族纷纷归附宋朝，还在宋、夏战争中担任宋军的向导，出兵助战，有力地支持了宋军。

庆历三年（1043），北宋与西夏之间初步达成和议。仁宗将五十五岁的范仲淹从前线召回到朝廷，升任他为参知政事。在仁宗的支持下，范仲淹开始推行新政，以整顿吏治为核心，使有才能和德行的人得到提拔和重用。但是，改革触及了许多官员的既得利益，朝廷中实际赞成改革的人并不多，新政施行不久就遭受到来自各方面的攻击。很多人指责范仲淹等人拉帮结派，仁宗召范仲淹询问："从来都是小人好结交朋党，君子是不是不应该结党啊？"范仲淹回答："臣在边疆时，知道勇于作战的人自己结为一个团体，朝廷也是这样，有正、邪之分。一心向善的人结为朋党，对国家不会有什么坏处。"以文章名世的欧阳修这时也进呈了著名的《朋党论》，表达对范仲淹的支持。但仁宗对范仲淹结党非常不满，因为从太祖立国，每一个皇帝都下大力气防范臣僚结党，仁宗当然也不希望自己身边出现一个结党的政治集团。庆历五年，辽和西夏对宋朝的军事威胁相继解除，仁宗终于罢去范仲淹等人的职务，让他们这些"朋党"担任地方官。"庆历新政"也由此宣告失败。

范仲淹主持的庆历新政，向宋王朝内部的积弊开战，目的在于解决内忧的困扰。庆历新政的主要内容有：

严格官吏升降制度。那时，升降官员不看政绩好坏，只以资历为准，这使得许多官员不求有功，但求无过，无所作为。以政绩来考核官员，可以使有功劳的人得到提拔，不称职、甚至有罪的官员得到罢免。

限制靠特权做官和升官。当时，一些大官每年都要自荐自己的子弟充任京官，逐渐造成了冗官的局面，大大加重了国家的财政负担，而且他们之间还相互包庇，结党营私。于是，范仲淹提出措施，限制大官的恩荫特权，防止他们的子弟充任馆阁要职。

改进科举制度。为了选拔出有真才实学的人，将原来进士科只注重诗赋改为重策论，把明经科只要求死背儒家经书的词句改为要求阐述经书的意义和道理。

庆历新政还包括提倡农桑、减轻劳役、加强军备、严格法令等多个方面。

范仲淹被贬出京城后，宋仁宗就下命令把新政全部废止了。

一年之后，被贬出京的范仲淹受到在岳州做官的老朋友滕子京的邀请，为修建当地的名胜岳阳楼写纪念文章，范仲淹挥笔写下了《岳阳楼记》。正是在这篇文章中，他说一个有政治抱负的人应该"先天下之忧而忧，后天下之乐而乐"，这两句名言一直为后人传诵。

二、王安石变法

仁宗时期实行的庆历新政失败了，宋朝国内的社会矛盾没有得到缓和，财政危机变得更加严重。在这种情况下，士大夫要求改革的呼声又一次高涨，一场规模更大的改革运动正在酝酿之中。

即便是有范仲淹、包拯这样一些正直的大臣，仁宗在位四十多年却始终不能下定决心推行改革。仁宗没有儿子，死后由他的侄子即位，这就是宋英宗。英宗身体不好，再加上国内忧患，即位不到四年，就害病死去了。太子赵顼即位，称宋神宗。

神宗即位时仅20岁，年轻气盛，想有一番作为。他响应了国内士大夫改革的呼声，决定进行大的改革，以改变国家不景气的状况。但是刚即位的神宗，身边都是仁宗时期的老臣，就连那些曾经支持过范仲淹新政的人，现在也已年迈，变得暮气沉沉，对改革没有兴趣。要想推行改革，必须得找一个得力的人才，一个叫王安石的人很快进入了他的视线。

王安石是江西临川（今江西抚州）人，他的父亲王益曾经做过几任州县长吏，青少年时期的王安石跟随父亲到过许多地方，对宋王朝存在的社会问题有许多感性的认识。王安石的文章写得十分出色，得到欧阳修的赞赏。庆历四年（1044），年仅二十岁的王安石以第四名的成绩考取进士，随后在扬州、鄞县（今浙江宁波）、舒州（今安徽潜山）、常州等地任地方官。

他在鄞县当县官的时候，正碰上那里灾情严重，百姓生活十分困难。王安石兴修水利，使大批农田得到灌溉，并兴修道路，改善交通。没过多久，就把鄞县治理得井井有条。王安石知道，宋朝社会日益贫困的根源在于大地主豪强的兼并。每当到了青黄不接的时节，穷人的口粮接不上，他就打开官仓，把粮食借给农民。到秋收以后，要他们加上官定的利息偿还。这样可以使农民避免向地主借粮，不用再忍受他们的重利盘剥，日子也就会好过一些。

王安石做了二十年地方官，名声变得越来越大。后来，宋仁宗把他召入京城，担任管理财政的官员。王安石一到京城，就向仁宗上了一份长达万言的《上仁宗皇帝言事书》，他根据宋朝内忧外患交织、财政日益困穷的形势，提出应该变更天下弊法，并培养大批适应变法革新需要的人才。他要求宋仁宗以汉、唐两代王朝的覆亡为前车之鉴，果断地实行变法。针对自己主管的财政，他还提出了应该因天下之力以生天下之财，取天下之财以供天下之费的理财思想。虽然这份意见得到了一些士大夫的赞赏，但当时宋仁宗刚刚废除范仲淹的新政，对改革的事不再感兴趣，王安石的奏章就没有得到回复。王安石一看朝廷没有改革的决心，而且还受到朝中一些大臣的排挤，就不愿意再继续做官，正好母亲去世，就辞职回家服母丧。

王安石

神宗皇帝早就知道王安石的大名，也十分认可他提出的改革主张，所以即位后不久就又一次将王安石召入京城。

王安石一到京城，宋神宗就把他叫到了宫中。神宗开门见山地问他："你看现在国家开始变得贫弱，要治理好国家，应该从哪儿入手才好？"王安石早就胸有成竹，他从容地回答说："要使国家富强，必须改革旧的法度，并建立起新的符合当今形势的法度。"

回去之后，王安石写了一个非常详细的改革意见，神宗看后非常满意，更加信任王安石。不久，神宗将王安石提升为副宰相。那时朝廷里名义上的四名宰相都已经病的病，老的老了，一听见改革就会皱起眉头。于是，在王安石的建议下，神宗任用了一批年轻的官员，并由王安石负责，设立了一个专门制定新法的机构——制置三司条例司，由王安石与吕惠卿、曾布等人一起草拟新法。为了推行新法，还在各路设提举常平官，督促州县执行新法。

从熙宁二年（1069）到熙宁九年（1076）的八年时间里，王安石围绕富国强兵这一目标，陆续实行了均输、青苗、农田水利、募役、市易、免行、方田均税、将兵、保甲、保马等新法。按照内容和作用的不同，这些新法大致可以分为以下几类：

均输法、市易法和免行法，主要用于供应国家需求和限制商人。从宋朝初年开始，都是由发运司统一采购，以供应京城皇室、百官、军队的消费，但这些物品运到京城后往往因不合需要而削价抛售，朝廷所需却又要另去搜刮。这就给商人囤积居奇、操纵物价提供了机会。均输法规定了就近采办，买贱不买贵的政策，大大减少了政府的财政支出。市易法则是在京城设市易务，负责平价收购商人滞售的货物，向商贩发放贷款，同时也可赊货给商贩贩卖。免行法规定各行商铺依据赢利的多寡向市易务（司）交纳免行钱，不再轮流以实物或人力供应官府。这样，宫廷采购物品可以做到随行就市，有效降低了成本。

青苗法、募役法、方田均税法和农田水利法，主要用于调整国家、地主和农民之间的关系，促进农业生产。青苗法规定，把以往为备荒而设的常平仓、广惠仓的钱谷，在青黄不接的时候以一定的利息借贷给农民，这样可以使农民免受兼并势力的高利贷盘剥，并使官府获得一大笔"青苗息钱"的收入，这与王安石在鄞县时的做法相同。募役法，又称免役法，主要是为了使原来轮充职役的农村居民能够回乡务农，原来享有免役特权的人户交纳役钱。方田均税法则是针对豪强隐漏田税，为增加政府的田赋收入而发布的，有效增加了政府的税收。农田水利法用于治理水土，以发展农业，增加社会财富。

将兵法、保甲法、保马法以及建立军器监，主要是用于统治秩序，整顿并加强军队的战斗力。王安石利用将兵法精简军队，选派有武艺又有战

宋陵石刻

斗经验的军官专门负责军队的训练，有效地提高了军队的战斗素质。保甲法则是为了防范和镇压农民的反抗，以及节省军费而推行的。

另外，王安石还改革了科举制度，并对学校进行了整顿，更利于有才能的人进入朝廷任职。

王安石的变法推行了将近十五年，尽管每项新法都有或大或小的弊端，或者执行时出现偏差，但这些新法使豪强兼并和高利贷者的活动受到了有效的限制，使下层地主和农民获得了好处，缓和了阶级矛盾，增加了财政收入，稳定了北宋的统治。但是王安石的新法也触犯了中上级官员、皇室和大地主等阶层的利益，因而遭到许多朝臣的反对。

宋神宗问王安石："现在外面许多人都在议论，说我们推行新法，不守祖宗的规矩，一点儿也不担心天变，你怎么看外面的这些舆论？"

王安石回答得非常坦然，他说："陛下只要认真处理政事，就已经是在防止天变了。陛下征询下面的意见，这已经是照顾到舆论了。再说，人们的议论很多时候也是错误的，只要我们做的合乎道理，就不用怕别人说三道四。再者，祖宗的规矩，本来也不会是从来不变的。"

宋神宗不像王安石那样坚决，当越来越多的人反对变法，他就开始动摇起来。

北宋熙宁七年（1074），河北闹了一次大旱灾，一连十个月都没有下雨，田地荒芜，农民四处逃荒。神宗很为这次的灾荒发愁，有一个官员趁机画了一幅《流民图》献给宋神宗，说旱灾是王安石变法触怒天威，上天对宋朝降下的惩罚。宋神宗看着这幅图上流民的惨状，心里长吁短叹。神宗的祖母曹太后和母亲高太后也在神宗面前哭哭啼啼，说天下已经被王安石给搞乱了，逼神宗赶紧停止新法的实施。

随着阻力越来越大，王安石看新法已经没有办法实行下去了，气愤地上书神宗，要求辞职还乡。宋神宗也没有办法，只好让王安石暂时离开东京，到江宁府去休养。

第二年，宋神宗又一次把王安石召回京城，任其为宰相。谁知没过几个月，天上出现了彗星，这在当时可被认为是非常不吉利的预兆。那些阻挠变法的保守派乘机向神宗进言，要求立即停止新法，以防招来更大的祸患。虽然王安石竭力为新法辩护，但大势已去，王安石不能够继续贯彻自己的主张，就又一次辞去宰相职位，回江宁府去了。

宋神宗逝世之后，哲宗继位，太后垂帘听政，以司马光为首的保守派在朝中得势，王安石推行的新法便彻底被废除了。

点　　评

范仲淹实施的庆历新政失败以后，王安石又一次举起变法的旗帜，但最终仍然是以失败告终，他失败的主要原因是什么呢？

首先是反对派的阻挠和破坏。新法的大部分条款是为便利平民、抑制富豪阶级而设置的，这往往会招致官僚等上层阶级的反对。

其次是朋党之争的干扰和人事任用不当。宋代党争，复杂广泛，反对派以攻击变法法令来达到瓦解王安石政治势力的目的；在新法实施过程中，王安石缺乏执行的人才，王安石本人又急功近利，求效太速，结果使本应造福于民的新法成为祸害百姓之法，遭到朝野上下的一致反对。

神宗皇帝的软弱也是变法失败的一个原因。神宗缺乏足够的主见，当反对派把新政实施过程中产生的问题报告给神宗皇帝时，神宗并没有能够给王安石坚定的支持。

王安石未能成功变法的原因还有很多。虽然变法没有成功，但是作为一个敢作敢为、有胆有识的改革家，王安石至今仍值得人们敬佩。

相关链接

王安石小传

王安石（1021—1086），字介甫，晚号半山，封荆国公，世人又称王荆公。抚州临川人（现为抚州东乡县上池里洋村），北宋政治家、思想家、文学家。他出生在一个小官吏家庭，少年时喜好读书，聪慧超群。庆历二年（1042）登进士榜第四名，先后任淮南判官、鄞县知县、舒州通判、常州知州、提点江东刑狱等地方官吏。治平四年（1067），神宗刚刚即位，即诏王安石知江宁府，很快又将其升为翰林学士，熙宁二年

（1069）将其提为参知政事。从熙宁三年起，两度任同中书门下平章事，推行新法。熙宁九年罢相，变法失败，后闲居江宁（今江苏南京市），不久病逝。

第五章 北宋时期的农民起义

吾疾贫富不均，今为汝均之。

一、王小波"均贫富"

宋太祖赵匡胤通过陈桥兵变取得政权后,为了能够得到大地主等高层阶级的支持,维护其统治,一开始就公开纵容他们进行土地兼并,这样,全国的大部分土地很快就集中到了少数人手中。

唐朝末年爆发的黄巢农民起义曾经横扫大半个中国,但却没有进入四川,这里的地主阶层并没有受到这次农民起义的冲击,因而,到了军阀割据的时候,这里的佃农所遭受的剥削非常沉重。后蜀统治时期,四川境内绝大多数土地都已被豪强地主所占有。北宋政权建立后,由于赵匡胤支持上层阶级的政策,使四川农民的处境更加艰难。

由于土地大多被官僚、豪强、寺观霸占,许多农民沦为"旁户",这些旁户的身份世代相袭,隶属于主户,被视为奴仆,他们承担着繁重的田租和赋役。一户地主往往占有旁户几十家、几百家,乃至上千家,生活极其奢靡。

宋将后蜀消灭后,把后蜀的仓储财物全都运到了京师,并以"上供"等方式掠夺布帛,设置博买务垄断布帛的购销,禁止民间交易,这使这里的广大农民和手工业者变得更加贫困。四川还是中国重要的产茶区之一，农民大多数是茶农。官府垄断了当地与少数民族地区的边茶贸易，断绝了很多茶农和茶商的生计。

青城县（今四川都江堰市东南）有一个叫王小波的农民，平时靠贩卖茶叶为生，官府禁止私卖茶叶后，王小波断了生路。淳化四年（993），感觉生活实在无望的王小波聚集了附近一百多个茶农和贫民，向他们说："如今这个世道实在是太不公平了，穷人越来越穷，富人却越来越富，我们一起来把富人的财富全都平分了好不好？"

这些茶农和贫民平时受够了官府、富人的剥削，听了王小波的话，自然是热烈拥护，于是揭竿而起。消息一传开，各地的贫苦农民纷纷赶来参加起义军。不到十天，王小波就聚集了好几万人。

王小波是一个非常有谋略的人，在有了人马之后，他首先攻打下青城。接着，他就率人攻打彭山（今四川彭山），因为彭山县令齐元振刁钻狠毒，是一个民愤极大的贪官。宋太宗登基后，曾发诏令禁止地方官员贪污，并派钦差到各地巡检，当钦差来到蜀地调查时，齐元振就事先把贪污来的财物分散藏在附近一些富商的家里。钦差到了彭山县，没有查出他的贪污行为，回去向朝廷回报，朝廷竟然下令嘉奖齐元振，说他是一个非常有能力的清官。自此以后，齐元振对百姓搜刮得就更厉害了。当彭山的百姓知道王小波要攻打县城时，很多人都积极响应，加入了起义军，起义军声势浩大，很快就占领了县城，杀了贪官齐元振，还剖开他的肚皮，在其中塞满了他平日贪污来的钱币，以泄百姓之愤。接着，起义军将齐元振的家财都分给了彭山的贫苦百姓。

此后，王小波率人转战邛州（今四川邛崃）、蜀州（今四川崇庆），每占领一个地方，都责令那里的富家大户将他们所有的家产粮食都呈报上来，除了给他们留下一些够其家用之外，剩下的都分给穷人。十二月，王小波率领起义军向江原（今四川崇州东南）进攻。驻守江原的宋将张玘发兵反击，双方在江原城外展开激战。起义军打得十分顽强，张玘带领的官军有些招架不住，张玘乘王小波没有防备的时候，突然拔箭向他射了过来，正中王小波前额。王小波不顾伤重，继续率领起义军进攻，终于将宋军打得一败涂地，并把张玘也给杀了。起义军进占江原后，王小波却因伤势过重而死去。

王小波死后，起义军没有慌乱，将士们推举在军中也很有威望的李顺做首领。李顺是王小波的妻弟，以前也一样靠贩茶为生。在李顺的带领下，起义军继续进行反抗宋朝的斗争。他们从江原出发，迅速攻克了蜀

苏州留园冠云峰

州，接着又攻下邛州，杀死那里的知州、通判等官吏，都巡检使郭允能在混乱中逃到了新津。于是，起义军又猛攻新津，最终占领新津县，打死了郭允能。然后，起义军分兵两路，一路迂回攻克双流、温江、郫县和永康（今四川都江堰），一路由李顺率主力攻打成都。

起义爆发后，宋太宗将成都知府吴元载革职，派郭载代替了他的职位。郭载和西川转运使樊知古、都巡检使郭延浚等加强了成都府的防御，另外派人请梓、遂十二州都巡检使卢斌从梓州（今四川三台）率兵来援助守城。李顺率领的主力在进攻成都西郭门时失利后，没有在成都与官兵硬拼，转而攻占了汉州（今四川广汉）和彭州（今四川彭州）。这时起义军已经发展到了数十万人。

淳化五年（994）正月，起义军再次猛攻成都，打得宋军大败。十六日，攻占成都府，郭载等人逃走，卢斌退回了梓州。

进入成都后，李顺成立了大蜀政权，称大蜀王，年号应运。接着派出兵马，攻占周围州县，不断扩大地盘，很快就控制了四川的大部分地区。

宋太宗没有想到起义军发展得如此迅速，于是赶快召集群臣商议对策。最后决定派出宦官王继恩为剑南西川治安使，前往镇压。王继恩分兵两路，一路从东面堵住巫峡的起义军，一路由自己率领向剑门进发。

剑门是西川通向关中的要道。李顺占领成都之后，也派将领进攻剑门，不幸遭到官军阻击，打了败仗。此时，起义军的战线太长，兵力分散，形势已有些不利。

王继恩通过了剑门后，集合各地宋军，进攻成都。那时候，起义军的主力一部分长期围攻梓州，另一部分在眉州（今四川眉山）城外与敌人激战。李顺组织了十几万人马来守卫成都，但是在敌人重兵包围之下，虽然起义军奋勇杀敌，但损失惨重，一共有三万多人阵亡，成都城终于被攻破。李顺在此次战斗中牺牲。

成都失陷后，起义军仍在各地战斗，将领张余率领一万多名战士，沿长江东下，接连攻克八州，队伍扩大到十多万人。在进攻夔门时，张余起义军和强大的宋军相遇，由于腹背受敌，起义军失利，损失了两万多人，舟船毁坏了一千多艘。后来，张余被捕，于至道元年（995）二月在嘉州就义。其余的抵抗力量陆续被宋军消灭。

王小波、李顺起义在中国农民战争史上，第一次明确地提出了均贫富的口号，反映出广大农民要求土地和贫富均等的强烈愿望，对以后的农民起义具有深远的影响。

当时，民间传说在成都陷落时，大蜀王李顺并没有被官兵杀死，他化装成一个和尚，在成都城破的时候秘密逃了出来。宋军进城时，只是抓到一个胡子很长的人，他的外貌非常像李顺，就把他当李顺杀了，以安抚人心。据说四十年后，在广州城中出现了一个老翁，有人认出他是李顺，官府就把他抓了起来，并秘密处死在监狱中。

二、方腊起义

北宋末期，朝廷已变得非常腐朽。宋徽宗在位时，蔡京迎合皇帝奢靡的本性，提出了个"丰亨豫大"口号，要把京城的宫殿装修到前所未有的富丽堂皇的程度。为此，他们下令征集天下的奇花异石运到开封，以装饰宫殿，构建园林。

为了更好地采办花石，朝廷特意设立了"应奉局"，专门在东南各地搜刮花草竹木和珍稀物品，由朱勔主管。越是出产花石多的地方，朱勔就越会卖力地搜刮，这里的百姓也就遭殃最重。

睦州青溪（今浙江淳安）一带，出产各种花石竹木，应奉局常常派差人到那里搜刮花石。老百姓家里只要是有可供赏玩的东西，都会全部被他们强行征收，即使是已经建好的，拆屋毁墙也要收走。朱勔和他手下的人还经常借机敲诈，弄得当地

方腊像

许多人家破人亡，倾家荡产，引起极大的民愤。应奉局把搜刮来的花石和财物用大船装运到开封，每十船为一纲，称为"花石纲"。

方腊的家就在清溪一带，他家里有个漆园，平时靠这个园里的出产，日子还勉强过得去。朱勔办了花石纲以后，方腊家也常遭到勒索。方腊恨透了这些官府差役，他也看到当地农民受尽花石纲的苦，对官府怀有强烈的不满情绪。于是方腊开始在当地组织摩尼教。这个教派是波斯人所创立的，很早就传到了中国，是民间比较流行的一个秘密宗教。该教的教义是"光明一定能战胜黑暗"，所以又称为明教。它主张"是法平等，无分高下"，信教者都是一家，同时还主张吃素断荤，节省钱财，在教友中实行互助。

摩尼教的主张非常符合当地群众愿望，再加上方腊本人不辞辛苦地到处传教，由此聚集了很多信教者，这些人后来成为他日后发动起义的主要力量。

宣和二年（1120）十月的一天，方腊和教中骨干正在秘密商量起义的时候，不想走漏了风声，被当地的大地主方有常知道了。方有常听说方腊要谋反，非常害怕，就让人将方腊他们关在谷仓里，然后跑向官府去告密。方腊在摩尼教徒的帮助下，很快逃出谷仓，并杀了方有常一家。

之后，方腊在漆园召开誓师大会，他说："我们老百姓耕种纺织，成年累月地艰辛劳动，生产出来的粮食与布匹，却被皇帝与官老爷全部抢去，供他们挥霍享受。官府稍不满意，就鞭笞虐待我们，甚至随意处死我们。我们怎么能够忍受这样的不公平？如今赋税沉重、贪官污吏还在加重盘剥，我们的日子都已经过不下去了，可是皇帝和官老爷们仍在用我们的血汗过着声色犬马、穷奢极欲的生活。我们整年都在艰苦地劳作，可是老婆孩子还是要受冻挨饿，我们已经活不下去了。大家说说我们该怎么办？"聚集在漆园里的人们一时群情激奋，都一致表示愿听方腊的命令。方腊看到时机已经成熟，于是宣布举行起义。

东南地区的老百姓早就受够了"花石纲"的严重侵扰，一看到方腊举起义旗，纷纷响应，不到半个月的时间，方腊就已经聚集了几万人的队伍。方腊利用朱勔在当地引起的巨大民愤，鲜明地打出杀朱勔的旗号，更是为起义军聚拢了大量的人气。

起义军尊称方腊为"圣公"，改元"永乐"，军中将帅分为六等，用头上扎戴的红巾等各色头巾作为标志，建立起了政权。起义军在青溪县息坑（今浙江淳安西）全歼两浙路常驻宋军五千人，随后，乘胜进取青溪县，俘获县尉翁开。十二月初，起义军攻克睦州，占据寿昌、分水、桐庐、遂安等县。不久，又向西攻下歙州，东进攻克富阳、新城，直扑杭州。杭州是两浙路的首府，也是花石纲采办的指挥中心之一，聚集了大批官吏和富商。二十九日，起义军攻入杭州，杀死两浙路制置使陈建、廉访使赵约，知州赵霆逃走。积怨已久的民众在杭州掘了蔡京家的祖坟，将里面的骸骨全都挖出来以发泄心中的愤怒。

起义军浩大的气势吸引了更多的人参加进来。苏州的石生、湖州（今浙江吴兴）的陆行儿

宋·水月观音像

等人也纷纷领导当地农民，参加起义。台州仙居县吕师囊、衢州郑魔王等领导当地摩尼教也秘密组织起兵响应。湖、常、秀等州农民也组织起来，准备攻打州县。各地农民只要望见义军的旗帜，听见鼓声，就会跑来迎接，向起义军送钱送物。

东南地区经济富庶，那里一乱，就相当于是断了宋王朝的经济命脉，宋徽宗非常惊恐，赶快派童贯带领十五万官军前去镇压。童贯知道是花石纲在当地引起的民愤太大，到达苏州后，立刻用宋徽宗的名义下了一道诏书，向民众承认错误，并且撤销了专办花石纲的"应奉局"，把朱勔父子撤职查办。

另一方面，童贯加紧部署镇压起义的兵力。宣和三年（1121）正月，童贯分兵两路，由王禀、刘镇等分别率领，向杭州和歙州进发，企图在睦州会合。

同年正月，方腊率领起义军主力南征，相继攻下婺（今浙江金华）、衢（今属浙江）两州；另有一部起义军北上攻克宣州宁国县（今安徽宁国西南），进围广德军（今安徽广德）。这样，起义军占领了包括今浙江省全境和安徽、江苏南部、江西东北部的广大地区。在方腊南征的同时，他派遣方七佛领兵北伐。方七佛攻下崇德县后，进围杭州东北的秀州（今浙江嘉兴），并分兵进入湖州（今浙江吴兴）境内。结果在这里碰上了王禀率领的东路宋军，方七佛不敌，退守到杭州。

秀州之战失利后，起义军占领的杭州失去屏障。二月，宋军包围杭州，虽然起义军坚持苦战，但终因粮尽援绝，被迫退出。杭州失守后，形势开始发生逆转。三月初，起义军曾再次向杭州进军，但也未取得胜利。

而宋军方面先后攻陷歙州和睦州。四月初二，衢州也落入宋军手中，起义军将领郑魔王被俘。

方腊带着起义军退守青溪，不久青溪县也失守，方腊领军退到帮源洞。各路宋军在帮源会合，将其层层包围。帮源洞地处山谷深处，官军虽然很多，但不知道山路，没法进攻。不幸的是，起义军里出了奸细，给官兵引路，虽然方腊率起义军奋起抵抗，但最终还是失败了，一共有七万多人被杀。方腊和他的妻子邵氏、儿子方毫、丞相方肥等三十多人被俘，押往汴京。

方腊一家被押到汴京后，宋徽宗想诱使方腊归顺朝廷，被方腊拒绝，并当面痛骂宋徽宗荒淫无道。宣和三年（1121）八月二十四日，方腊和其他三十多名起义军慷慨就义。

方腊被俘后，起义军各部继续转战浙东各地，直到宣和四年三月才完全被宋军镇压下去。

方腊起义准备充分，发展迅猛，给北宋统治造成了沉重打击，而宋军在平息农民起义的时候，烧杀抢掠，没有节制，更使北宋朝廷从此一蹶不振。

点　评

北宋初年，宋太祖和宋太宗进行了二十多年的统一战争，终于结束了五代十国的分裂局面，人民生活逐渐安定。但就在这个时候，却发生了大规模的农民起义，其中的原因值得深思。

宋太祖为了安抚交出军权的功臣，鼓励他们去兼并良田美宅，这一措施助长了土地兼并。到太宗时，富人拥有一眼望不到边的大片田地，而穷人却已经没有立锥之地了。另一方面，"古者刻剥之法，本朝皆备"，五代十国的各种搜刮名目在宋朝不仅没有减少，反而有新的种种赋税强加到民众头上。富人们过着"斗鸡破百万"的奢靡生活，穷人却吃不饱穿不暖，贫富差距巨大。

在这个时候，难怪王小波一声"吾疾贫富不均"，就掀起了声势浩大的反抗运动。

相关链接

王小波小传

王小波（？—994），北宋初农民起义领袖。青城（今四川都江堰市东南）人。茶农出身。993年春率众起义，提出"吾疾贫富不均，今为汝均之"的口号，得到广大贫苦民众的拥护，很快攻占青城、彭山等地，队伍发展到数万人。同年冬在江原（今四川崇州）与宋军激战，被宋西川巡检使张玘射伤，仍奋勇杀死张玘，不久因伤重身亡。王小波死后，起义军推举其妻弟李顺为领袖。

八字桥

第六章 北宋朝廷倾覆

做了皇帝就不要再做艺术家，徽宗和李煜都是例子。

一、大太监童贯

作为一名宦官，童贯在北宋朝廷上显得非常特殊，他曾经掌控军政大权，并被册封为王，还曾经代表朝廷出使外国。这在北宋甚至是中国历史上都是绝无仅有的。

童贯是开封（今属河南）人，年近二十岁才净身入宫。根据史书的记载，他不像别的宦官那样面色发白，反而身材高大魁伟，皮骨强劲如铁，双目炯炯有神，而且还生着胡须，让人一眼望去，感觉阳刚之气十足，根本不像是一个宦官。

不仅长得有别于一般宦官，童贯的为人也非常有度量，在结交后宫妃嫔、宦官、宫女，还有那些能够接近皇室的道士、近臣等人时，他都不吝惜花钱，因而也就收获了不少好处。皇帝身边经常有人在说他的好话，这自然会越来越加重他在皇上心中的地位。童贯的性情也是非常乖巧，心细如发，善于揣摩皇帝的心理，往往事先就能够知道皇帝意图，所以更得皇帝欢心，官也就越做越大。

童贯刚进宫时，拜在同乡、前辈宦官李宪门下做徒弟。李宪在神宗朝时曾在西北边境上担任过多年的监军，立过不少战功。童贯跟随李宪到边关打仗，积累了不少军事知识，他小时候也曾经读过私塾，有一定的文化底子，文武两方面的积累使他在后宫太监中显得有些不凡。

徽宗时，童贯逐渐得到重用。徽宗任命他为内廷供奉官，派他到杭州设明金局收罗古玩字画。在杭州，童贯遇见了正被贬在外的蔡京，两人一见如故，很快成为好友。后来，由于童贯尽心使力，蔡京才能重新入京担任宰相。

当了宰相后的蔡京当然不会忘记童贯，很快，他就推荐童贯做监军，带着十万兵马开赴青唐。由于受到李宪的熏染，童贯这个人也很爱带兵打仗，蔡京与他可以说是相知很深。大军到了湟川时，京城内宫突然失火，徽宗认为这是上天要阻止他用兵，于是下诏命童贯停止前进。童贯读诏之后，就把它收了起来，一点也不加理会，继续督促大军前行。当旁边有人问皇帝的诏书是什么内容时，童贯只是说"皇上让我们赶快成功"。结果，此次宋军的进攻非常顺利，一下子就收复了四州之地。立下这么大的功劳，宋徽宗自然奖赏了童贯，并封他为景福殿使、襄州观察使。作为宦官能身兼两使，在宋朝还没有先例。

童贯的官越做越大，因为争权夺势，与宰相蔡京关系逐渐紧张起来。政和元年，童贯以国使身份出使辽国，蔡京就非常不满，说："用一个宦官来充当国使，难道我们国家真的没有人才了吗？"尽管蔡京阻挠，但毕竟皇上青睐，而且童贯也确实立下不少功劳，到后来，童贯被封为太尉、三镇宣抚使，又"签书枢密河西北两房"，接着是"领院事"，在官职上已经与蔡京完全相当。以至于当时有人称蔡京是"公相"，而童贯是"媪相"（母相）。

童贯出使辽国时，在回来的路上遇到一个叫作马植的汉人，这个人生活在燕云一带，他向童贯献上了"平燕之策"。童贯听后，非常赞赏，就把他带到了京城。见到宋徽宗后，童贯根据马植的计策，说服皇帝联络女真国，两家合起来共同攻击辽国，收复燕云十六州。宋徽宗听后也觉得非常在理，厚赏了马植，赐他国姓赵，改名良嗣。这个赵良嗣接受徽宗的旨意，以买马为名，出使金国。在与金人谈判时，赵良嗣除了燕京，他还力争在打败辽国后得到西京等地，但宋徽宗只在书信中提到要收回"燕京并所管州城"，于是金国就以此做文章，说你们的皇帝都没有提起，你就不要再争了。由于赵良嗣这次是从登州渡海到达金国谈判的，所以在历史上称这次盟约为"海上之盟"。

这时，国内爆发了方腊起义，宋徽宗先派童贯前往剿灭，然后再准备北攻辽国。就在童贯围剿方腊的时候，金国人已经把辽国打得大败，辽天祚帝率残众逃入夹山，辽国宗室耶律淳成为新的皇帝。

打败方腊后，童贯率领大军直扑河朔地区，本以为可以将已战败的辽军杀得人仰马翻，没想到这些辽兵虽然打不过金兵，对付宋军却还绰绰有余，结果宋军在白沟、范村、雄州等战役中都被打败。童贯见吃了败仗，就把责任推给别人，说军将不听指挥才使宋军败阵，于是徽宗将大将种师道等人罢了官。

寒雀图卷（局部）

辽国的新皇帝耶律淳即位后不久就病死了，于是童贯再次借机出兵，这次宋军的大将为刘延庆。当宋朝十万大军开到边境时，已感觉到辽国将亡了。辽国涿州将领郭药师投降宋军，刚刚投降的郭药师想为宋朝立功，于是就与刘延庆相约攻打燕京，可没想到刘延庆竟然没来，致使郭药师惨败。刘延庆见郭药师战败，立马领着宋军往回逃跑，谁知半路还是给辽兵追上，结果败得一塌糊涂。

最终，金国拿下燕京。谈判时，按照"海上盟约"的约定，金国答应向宋朝交出燕京周围地区，但宋朝要交出二十多万两白银的"犒军费"。而且金军在撤离燕京的时候，将燕京及周围地区的百姓全部迁走，等宋朝派兵前来接管的时候，燕京已是一座空城。

至此，燕云十六州有近半回归宋朝，宋徽宗以为是大胜利。因为宋神宗曾经有遗诏，凡能成功收回燕地的，封王爵。于是，童贯被封为广阳郡王，作为一个宦官而被封为王爷，这是非常罕见的。

宣和五年（1123）九月，金太祖完颜阿骨打病死，金太宗继位，下令将燕地一带原辽国的降官和居民迁往东北后方。原辽兴军节度使张觉不愿迁移，就以手下所辖的平州（河北卢龙）、滦州（河北滦县）和营州（河北昌黎）献降宋朝。金国人当然不干，派大将完颜宗望领大军前来讨要，并趁机向宋发动大举进攻。张觉吓得逃进同为降将的郭药师营中。金国要求宋朝交回张觉，赵良嗣等人劝宋徽宗不要招惹现在军力强盛的金朝，让他不要收留张觉。宋徽宗没听，收留了张觉。后来，金军连克数地，徽宗害怕了，为了使金军退兵，他出尔反尔地杀掉了张觉和他的儿子，并将他们的首级送给金人。徽宗的这种行为，使原来从辽国投降来的军士大为寒心,同时,也更向金人显示了宋朝的软弱。

当金军大举进攻宋朝时,童贯在外无法抵挡,就率领几万亲兵,狼狈逃回了京城。这时,徽宗已吓得将皇位让给了钦宗,钦宗向来讨厌童贯,下诏让他留守京城。但童贯并不听这位新皇帝的命令,而是跟从宋徽宗往南逃跑。钦宗一怒之下将童贯贬职,并流放出京城。不久,宋钦宗又下旨将童贯处死,派监察御史张澂前去执行。张澂在南雄州追上童贯,他害怕童贯事先知道消息会自杀,就派一个官校骑快马先赶上童贯,对他说:"皇上已派中使来赐大王茶药,召您赴京共商大计,听说是充任河北宣抚使。"童贯开始有些将信将疑,官校接着说道:"现在的将帅没有作战经验,主上与大臣商议多时,都觉着不如请您再掌军权。"童贯听后果然上当,对左右说:"看来,少了我还真不行啊!"第二天,御使张澂就赶到了,童贯起身相迎时,被兵士们一拥而上,捆了个结结实实。张澂宣布了他的十大罪状,然后立即处斩童贯,并用皮匣注水银,装上童贯的人头送到汴京供钦宗御鉴。

宋·越窑青釉熏炉

二、李纲抗敌

如前面所讲，金太宗消灭辽国以后，宋徽宗由于出尔反尔，下令杀掉了张觉和他的儿子，还把他们的首级送给金人，以欲换取金国退兵，然而徽宗这样做却并没有换来金国退兵，反而使原来投奔宋朝的辽国降将郭药师大为寒心，于是在两军对阵的时候，他便投降了金国。

金军此次进攻兵分两路，西路由完颜宗翰率领，攻打太原；东路由完颜宗望率领，攻打燕京，约定最后在东京会师。由于郭药师投降，东路金军不战而得燕京，迅速向前推进。

前线的告急文书像雪片一样飞到北宋朝廷，徽宗君臣慌作一团，他们不组织力量反抗，反而派使者向金国求和。这时，金太宗也派出使者到达东京，要求北宋割地称臣。满朝文武大臣都不知道应该如何应对，只有太常少卿（掌管礼乐和祭祀的官）李纲坚决主张抵抗金兵。

眼看金军直逼京城，在朝野的压力之下，宋徽宗只得下罪己诏，并下令废除花石纲等害民的政策。他还命皇太子赵恒监国，留守京城，而自己却准备往南逃跑。李纲看到形势危险，写下血书死谏，说："现在大敌进攻，国家安危已在呼吸之间，皇太子名分不正，难当大权，难以号令天下。"此时，金军离开封已经只有十天的路程了，大臣们逼徽宗在三天之内做出决断。在朝堂上的徽宗又急又气，哀叹道："唉，没想到金国竟然会这样对待我。"话没说完，就一口气没上来，昏厥过去。徽宗醒来后，以身体为由借势传位于太子，宣布退位，自称太上皇。新皇帝即为钦宗，即位后宣布在第二年将年号改为靖康。

宋钦宗即位后，把李纲提升为兵部侍郎，并且下诏亲自讨伐金兵。实际上钦宗也并不比他的父亲强多少，表面上做出抗敌的样子，心里却老是七上八下的，整日担惊受怕。

金军到黄河边后，守河口的宋军没有一个人上前抵抗，只是把桥烧掉就转身逃跑了。金军找来了十几条小船，只用了五天的时间，就把骑兵运完，接下来运送步兵。金军将领仰天大笑，说："宋朝实在是无人啊，只需在这里部署两千人守卫，我们哪还能渡过河去。"

其实宋朝并不是无人，只是皇帝懦弱，战时的许多准备都没有有效地展开。金军渡河的消息传来，徽宗当晚就带着两万亲兵逃出东京，到亳州（今安徽亳州）避难去了。

眼看着东京吃紧，钦宗心里更是惊慌，这时有宰相白时中、李邦彦两人劝钦宗逃跑，宋钦宗心底开始动摇起来。李纲知道这个消息后，立刻求见宋钦宗，说："太上皇传位给皇上，正是希望陛下能留守京城，如今若弃京而走，那京城里的宗庙社稷怎么办呢？"

接着，李纲让宋钦宗学习真宗亲征，守卫东京。钦宗没有回答，宰相白时中在一边说："现在敌军声势浩大，哪能守得住啊！"

李纲义正词严地说道："天下的城池中没有比东京更坚固的了。再者说，东京是国家的中心，只要皇上督率文武百官抗战，哪里会有守不住的道理。"

钦宗问："那谁可以领军呢？"

李纲说："这是宰相的职责。"

白时中怕死，出来说："李纲能领兵出战吗？"

李纲斩钉截铁地说："只要陛下不认为我无能，我一定领兵以死报国。"

这时，有宦官来报，说皇后已经走了，钦宗吓坏了，跳下宝座，着急地说："不行，朕也不能留了，你们不要再争，等我到陕西后，再调集兵力，收复东京。"李纲跪下哭求，正好有两位亲王赶到，也劝钦宗固守东京，宋钦宗这才勉强留了下来。但他还是不放心，叫李纲去视察城池。

李纲回来后向钦宗报告，说："东京的城楼又高又坚固，虽然护城河狭窄，但只要安排下精兵强弩，就肯定能够守得住。"接着，他提出

李纲祠

多项防守措施，要钦宗团结军民，共同坚守，等各地援军到来，然后再组织反攻。

可是到了当天晚上，宰相又一次鼓动钦宗南逃，当第二天天亮，李纲赶到宫中的时候，发现禁卫军们都已经做好了出发的准备。李纲非常着急，他登上高处，向众将士喊话："你们是愿意守在东京，还是愿意出逃？"

下面的士兵齐声回答："愿与京城共存亡。"

李纲急忙入宫求见皇上，劝钦宗说："昨天陛下已经答应留守，今天怎么能够又下令出京呢？禁卫军们的父母妻子都留在城中，他们都愿意死守，如果半路这些禁卫军思念家中妻儿，散归东京，到那时陛下您的安全由谁来保卫呢？况且，现在敌军已经逼近，知道您刚刚离开东京，必定快马来追，陛下又能够走多远啊？"看李纲说得有道理，钦宗这才打定主意不走了，还派人将皇后也追了回来。

兵士们听到消息以后，高呼万岁。接着，李纲出来对群臣说："上意已决，坚守东京，如有再敢议逃跑者，斩立决。"

李纲稳住了宋钦宗，就开始积极准备防守，他在东京四面都布置好强大兵力，并为军队配备好各种防守的武器。为了保护城外的粮仓，他还专门派出一支精兵守卫，防止敌人偷袭。

宗望率领的金兵很快就到了东京城下。宗望让人准备了几十条火船，从上游顺流而下，准备火烧宣泽门。李纲招募敢死队兵士两千人，在城下防守，当金军火船一到，兵士们就用挠钩钩住敌船，使它没法靠近城墙。接着，李纲又派兵士从城上用大石块砸向火船，很快就把这些火船打沉了。

眼看火船进攻不能奏效，金兵开始架云梯攻城，李纲同样派遣敢死队，沿绳爬下城墙，在下面用火将敌人的云梯烧毁。在城上的宋军利用强弓，射死金兵无数。

宗望看东京城防守坚固，难以强攻，就领军后撤，转而派人通知北宋，要求讲和。宋钦宗早就想求和，决定立刻派出使者前往金营谈判。李纲又一次挺身而出，但皇帝说他太过刚强，不让他去，派了性格怯懦的李棁前往。李棁到了金营，果然被金兵的气势吓破了胆，一股脑地应承下金兵的条件，回来向钦宗汇报。宗望要北宋赔给金国大量金银、牛马、绸缎，还要将太原、中山、河间三镇割让给金国；另外要宋钦宗尊称金皇帝为伯父，并派亲王、宰相到金营做人质。

宗望一面向北宋提出苛刻条件，一面加紧攻城。李纲亲自登上城楼，指挥作战，宋军一次又一次地击退了金兵的进攻，使其损失惨重。

宋钦宗和大臣李邦彦等人一心求和，准备全部接受宗望提出的条件。为了凑齐金二十万两、银四百万两，钦宗下令在城内搜刮官私金银，将百姓洗劫一空。同时，还派了张邦昌和康王赵构为人质，送入金营。

李纲知道朝廷接受金人的无耻条件，非常气愤，他劝钦宗不要先着急接受谈判的结果，而是要跟金人拖延谈判时间，等待各方的援兵赶到，到时就可以发动反攻。

过了不到十天，各地救援东京的宋军陆续赶到城外，总数达到二十多万人。此时围困京城的金兵只有六万，宗望看形势不妙，赶快将人马后撤。

率领宋朝援军大将的种师道和姚平仲都支持李纲，坚决主张抗战。种师道建议与金兵长期相持，等他们粮草接济不上，被迫退兵的时候，就可以找到机会进行反击。不过，姚平仲非常心急，他主张派一支精锐人马在夜里偷袭金营，活捉其主帅宗望。结果，这个偷袭的计划被金军察知，姚平仲损失了一千多人马，无功而返。

这一来，主张议和的大臣这次可抓住了把柄，他们甚至大肆造谣说援军已经全军覆没，说这都是李纲闯下的大祸。宋钦宗也是惊慌失措，急急忙忙派出使者到金营赔礼，并把李纲、种师道的职务给撤了。

李纲、种师道被撤的消息在京城传开，立刻就引起了全城的骚动，军民个个气愤。特别是太学里的学生，更是群情激昂，几百名太学生聚集起来，走到皇宫的宣德门外，上书请愿，要求朝廷恢复李纲、种师道的原职，并惩办李邦彦、白时中等奸贼。东京城的军民听说太学生请愿，也纷纷赶来相助，宣德门前很快就聚集了几万人。恰好这时李邦彦从宫中退朝出来，结果被人用瓦片和石头一通乱砸，吓得抱头逃进了宫里。

宋钦宗听说宫外有很多人聚集起来闹事，很是害怕，连忙派出官员，向人们解释说是李纲用兵失败，朝廷才不得已把他罢职，等金兵一退，马上让他复职。

宣德门前聚集的太学生和军民当然不答应，钦宗只好派人召李纲进宫，并且当众派人宣布，恢复李纲、种师道的职务。太学生请愿得到胜利，众人才都散去。

宋钦宗像

李纲复职以后，重新整顿军队，使宋军士气再次高涨。宗望看宋军强盛，害怕再待下去会有危险，不等宋朝交足余下的赔款，就匆匆忙忙领着金兵撤退了。

三、靖康之祸

由于东京军民的坚决抵抗，再加上各路援助东京的宋军陆续到达，金将宗望被迫退兵。种师道向宋钦宗建议，在金兵渡黄河撤退的时候，发动突然袭击，就可以把金兵全部消灭掉。宋钦宗已被金兵吓破了胆，以为已经议和成功，今后不会再有战事，所以不但没有同意这样做，反而把种师道撤了职。

金兵撤走以后，被围了一个多月的东京城暂时逃过劫难，城中又像以往一样一派歌舞升平的场面。宋钦宗利用这个时机，陆续除去了徽宗左右的一帮奸佞之臣。不仅王黼、梁师成、朱勔等人被处理，蔡京也被远远地流放，蔡攸兄弟则被处斩。

宋钦宗此举一方面是为了平息民愤，另一方面也是为了巩固自己的统治。宋徽宗往东南逃跑的时候，他当国君时的大多数宠臣都跟随其左右，而蔡京和朱勔两人在江南经营多年，完全可能拥宋徽宗在江南自成一国。

宋钦宗下旨除去徽宗的左右手也在情理之中。徽宗皇帝也因多年搜括"花石纲"而在江南留下了恶名，随行的人沿途又大肆掠扰百姓，弄得沿途民愤极大，徽宗在江南每日待得心惊肉跳，最后不得不率人返回东京。

在童贯也被钦宗杀掉之后，徽宗皇帝身边就没有能够再依靠的人了。在回京途中，他曾想去河南府（今河南洛阳）暂住，钦宗派人拦下，怕的是他会在洛阳另立一个朝廷。徽宗一回到京城，左右的几个亲随太监就被钦宗下令扣押，然后自己也被软禁在龙德宫。

回京后的徽宗似乎一下子变得聪明起来，他反反复复地向钦宗解释，说金兵肯定还会再来攻城，请求钦宗准许他去洛阳招兵买马。刚刚坐稳皇位的钦宗当然不会答应他。于是徽宗又建议和钦宗一起到江南一带"巡幸"，好赶紧撤离东京，但这同样也遭到钦宗的拒绝。后来，钦宗干脆下令严密封锁龙德宫，使徽宗再也无法得知外面的消息。

钦宗不仅罢了种师道的官，从各路赶来的援助东京的宋兵也被全部遣还。到了靖康元年六月，宋钦宗厌恶李纲老是在他耳边提守边之策，在主和派大臣的怂恿之下，将李纲调离京城，派出去支援太原。一些正直的大臣认为朝廷不该在这个时候让李纲离开京城，但钦宗就是不听。李纲知道自己在东京城遭到排挤，但是既然是上前线抗金，他也不愿推辞。钦宗给他调拨了一万二千人。李纲要求朝廷拨军饷银、绢、钱各一百万，但朝廷只给了二十万。李纲想在启程前做好充分的准备工作，但宋钦宗一再催促，李纲只好带兵匆匆出发。

李纲到了河阳后，招兵买马，修整武器，可是朝廷却命令他解散招来的新兵，立刻前去太原。没办法，李纲兵分三路前往太原，但是他手下的将领却不听他的调度，直接受朝廷指挥，李纲没有指挥权，结果被金军打败。李纲只好向朝廷提出辞职，朝内的主和派大臣乘机攻击他主张抗金却又损兵折将。于是，钦宗不仅将李纲撤了职，还把他贬谪到南方去了。

虽然宗望已经领金军撤离东京，但另一路金军在宗翰的带领之下依然围攻太原。太原被围了一个多月，城中军民死伤惨重。宋军曾经三次大规模入援太原，包括李纲率领的一部，总计投入了四十万人的兵力，却都被金军击败，宋军主力几乎损失殆尽。

最终，太原终于被金军攻下，不久，真定府（今河北正定）也被金人攻陷。差不多同时，在京师被撤职的宋朝名将种师道忧愤而死。到了靖康元年（1126）的十一月，金军杀到河阳（今河南孟州），在黄河的对面驻扎着十二万宋军以防备金军渡河。金军深知宋军的心理弱势，就在对岸架起了几百面牛皮大鼓，在夜里派人轮流猛敲。宋军果然上当，以为金军从天而降，第二天一早，十多万宋军跑得一个不剩，金军没有耗费一兵一

出水芙蓉图（局部）

卒，就又一次渡过黄河天险。

太原失守之后，各路的宋军将领听到东京又一次面临危险，主动带兵前来援救。此时的宋钦宗仍然在和主和派的大臣准备议和，竟然下命令让各路援军全都退回原地。

很快，从两路攻来的金军在东京会合，一共有十万多人马。金军在路上强征了许多汉人在军中役使，在东京城下造了许多攻城器械。

到了十一月十八日，东京城开始戒严。城附近的居民知道金兵又一次杀了过来，纷纷拖家带口，流离迁徙，不少宋军军士趁机抢夺财宝，局势一片混乱。

宋军从城中派出数百探马前去侦察金军的动向，结果与金军的前锋遭遇，数百人几乎全被杀死。宋钦宗极为惊恐，又一次派人到金营求和。同时，钦宗又急急忙忙地组织城内的军人、保甲、百姓，甚至包括和尚和道士都上城墙把守，还任命了一大批守城官员，但由于缺乏指挥，宋军士气极为低落。

就在宋钦宗招兵买马、修整武器之际，十一月二十八日，宋朝南道总管张叔夜率三万援军赶到。宋钦宗心里稍微安稳了一些，开始亲自到各城门抚慰军士，每巡幸到一个地方，就同士卒一起吃饭，以此来激励士气。皇后也和后宫的人亲自缝制衣被和护领棉套，赐给将士。

早在金兵再次到来之前，就有人提出，东京就像一只卧牛，金兵到后，必然会进攻卧牛头部的部位，但是钦宗和大臣们都只知道议和，并不在那里设兵防堵。当金兵猛攻通津门、宣化门、善利门时，"矢下如雨，炮石当空"，连城楼都已经被摧毁。幸亏宋朝大将姚友仲在三门内设"拐子城"，加强了防御工事，金兵才没有能够攻破三门。

随着两路金军持续不断地猛烈攻城，宋朝守军逐渐坚持不住了，城里的三万多禁卫军逃的逃，死的死，很快就损失了一大半。宋军的各路将领也因为朝廷下过命令，不来援救东京。这时候，宋钦宗再想召回李纲，也已经来不及了。

就在钦宗束手无策的时候，东京城里一个名叫郭京的骗子，向钦宗吹嘘会使法术，只要召集七千七百七十九个"神兵"，就可以活捉金将，打退金兵。结果，钦宗和一些朝中大臣居然都把郭京当作了救命稻草。这个郭京，领着七拼八凑的七千七百七十九个"神兵"，竟然大开宣化门，说让自己的"神兵"出门，夺取金兵的大寨。他还宣称自己的"六甲正法"可以隐形，军民不得上城观看，不然法术就会失败。所以，在郭京作法的时候，守城的军士都被迫从城上防御工事中撤了出来。金兵可不管什么六甲神兵，一路杀来，转眼东京城就被攻破。

这时钦宗已决意投降，但开封许多军民不愿做亡国奴，和进城来的金军展开了激烈的巷战，金军损失惨重，不敢贸然进占全城。于是，金国主动宣布要与钦宗议和，这时的钦宗当然是求之不得，答应了赔偿金朝一千万匹绢、一百万锭金、一千万锭银的条件。完颜宗翰和宗望还要宋钦宗亲自到金营献上降表，并要他下令各路援助开封的宋军都停止进发，还要求对自发组织起来抵抗金军的民众进行镇压。

钦宗回到城里后，为了凑足赔款，向百姓大肆搜刮金银，还专门派了二十四名官吏帮进城的金兵在皇亲国戚、官吏等家里彻底查抄。除了大量金银财宝，许多珍贵的古玩文物和宋国州府地图档案也全部被金军劫掠一空。

靖康二年（1127）二月，金主下诏废宋徽宗、宋钦宗为庶人，另立同金朝勾结的原宋朝宰相张邦昌为伪楚皇帝。四月，金军带着俘虏的徽、钦二帝和后妃、皇子、宗室、贵戚等三千多人向北撤退，北宋自此灭亡。

点　评

北宋皇帝徽宗虽然在政治上昏庸无能，但作为一个书画家，他还是非常成功的。他在书法方面首创了"瘦金书"体。在画画方面，他最擅长花鸟画，并自成"院体"，画中充盈着盎然的富贵，正是因为他的创作带动中国的花鸟画进入了全盛时期。

徽宗倡导文艺，承继五代旧制设立"翰林图画院"。他还组织编撰了《宣和画谱》《宣和书谱》两部图书，辑录了大量名家书画，成为我国书画史上的重要资料。

不过，在大宋王朝里，徽宗的首要身份还是皇帝，艺术上的成就不能改变他在政治上的失败。徽宗做了金国人的俘虏，在大宋开国之初，也有一位南唐皇帝李煜曾经做了宋的俘虏。这两个人的情形何其相似啊。

相关链接

赵佶小传

赵佶（1082—1135），北宋皇帝，著名的书画家。为宋神宗第十一子。初封端王。元符三年（1100），他的哥哥哲宗赵煦（神宗第六子）去世，因无子，皇太后支持赵佶即位。在位共二十五年。宣和七年（1125），金兵犯宋，赵佶让位于皇太子赵桓（钦宗）。靖康二年（1127），汴京沦陷，北宋覆亡。赵佶、赵桓父子及后宫嫔妃被掳，后拘囚于五国城（今黑龙江依兰）。天会十三年（1135），赵佶病死，享年五十四岁。庙号徽宗。

戈壁上的"金字塔"

第七章 南宋军民抗击外侮

精忠报国心，天日昭昭否。

一、宋室南迁

宋徽宗共有三十一个儿子，其中六个早夭，长子赵桓，即宋钦宗。靖康之难时，徽宗、钦宗被俘，皇子们也几乎被金兵逮了个干净。他们曾经在皇宫中养尊处优，经此大难，早已经被吓得魂不附体，许多人在押解途中就死去了，没有死的也被金人流放到荒漠穷边，最终病死在那里。只有皇九子康王赵构在这次劫难中幸存了下来。

赵构这个人虽然长在深宫中，却像他的祖先——宋朝的开国君主赵匡胤那样，能够挽强弓，骑烈马，很有些胆量。东京第一次被围时，赵构和丞相张邦昌被送入金营做人质，临行时，张邦昌忍不住哭了起来，赵构却表现得慷慨激昂，他说："这是男儿应为的事情，丞相不能够这样子。"

进入金营以后，张邦昌彻底被金兵吓垮了，只要有金兵对他一瞪眼睛，他就会被吓得立即哭起来。赵构在金营中仍然是镇静自若，面不改色。过了二十多天，金人以为赵构能有这样的表现，肯定不会是生长在深宫中的皇子，他们怀疑这个康王是宋朝派人假冒的，就要求另换一个亲王过来。钦宗派肃王前去顶替，赵构被金人放回。后来金人撤退时，没有放肃王回来，而是把他劫持到漠北，最终肃王死在了那里。

关于这件事，民间有"泥马渡康王"的传说：他在金营做人质时，金兵把他押解北上，中途赵构乘机逃脱。当逃到磁州（今河北磁县）的时候，夜里睡在崔府君庙。在梦中，有神人告诉他金兵快要来了，于是赵构惊醒，赶紧跑到庙外，看见庙门口竟然有一匹马正等着他。他乘马往南狂奔，后面隐隐约约听到金兵追赶的呐喊声。当到达黄河边时，赵构一看没船，心下想这可完了，没想到座下这匹马竟然直跳入河中，将他安然送到对岸，摆脱了金兵的追捕。过河后那匹马就现出了原形，原来它是崔府君庙门前的泥塑之马。

这当然是在赵构当了皇帝之后，才有人牵强附会编出来的，并不是事实。当金兵再次南下包围东京时，钦宗派出了康王到宗望那里去求和。这一次，赵构确实是经过了磁州，这里的州官宗泽劝他说："金国现在已经兵临城下，还要殿下去议和，实在是骗人的把戏。都到这个时候了，求和又有什么用处呢？"同时，宗泽又安排数百名磁州的老百姓，在路上拦住赵构的马，不让他到金营去求和。赵构也担心会被金朝扣留，就顺势在相州（今河南安阳）留了下来。

东京被围后，钦宗偷偷地派出一些人出城求援，其中一人到达相州，这人从头顶的发髻中取出一个蜡丸，打开后是钦宗的亲笔信，说"命康王为天下兵马大元帅，速领兵来救父兄"。康王接到圣旨，立即在相州举起了帅旗，召集兵马，准备前往东京营救。这时，钦宗又发来诏书，说金人已攻入城，正在议和，兵马不宜乱动。康王想保存自己的实力，见此诏书，就按兵不动。只有宗泽率领一支人马前往东京救援。到了靖康二年，在金人的胁迫下，钦宗又下诏让康王将兵权交与副帅，一个人去京师与父兄相会，赵构当然不会前往。

金人不愿意在中原久留，指定胆小怯懦的张邦昌为傀儡皇帝，国号大楚，然后就押着徽、钦二帝一干人等以及掳掠来的大批财物撤退了。这个张邦昌知道皇帝不好做，每到上朝的时候，就拱手立在殿上，群臣对他也不行君臣之礼。张邦昌任命官员时，都会在官职前加一个"权"（临时）字，朝廷发的公文，既不敢用大宋的年号，也不用新年号，只是空着年份不写。有人让张邦昌做真正的皇帝，他不敢答应，于是又有人提醒他："大元帅康王领兵在外，哲宗废后也幸免于祸，您要是早日还政于宋，或许能够转祸为福。"于是，张邦昌将孟后迎入宫中，尊为宋太后，并遣使者请康王回朝。宗泽等人建议赵构不要轻易去东京，以免遭遇不测，而就近在南京应天府（今河南商丘）登基。靖康二年（1127）五月，康王称帝，改年号为建炎，历史上称为宋高宗。

高宗虽然做了皇帝，但放眼望去，已是山河破碎。朝中既没有谋臣，也没有良将，高宗决定起用深得民心的李纲为宰相。朝中有人认为这样非常不妥，说金人最不喜欢李纲，如果任命他为宰相，恐怕又会招来兵祸，不如任用金人较为喜欢的张邦昌为相。高宗说："朕自立为皇帝，恐怕金人也是不喜欢的，那是不是我这个皇帝就不当了？"听了这番话后，这些人这才不说话了。

宋高宗像

李纲来到应天府后，见了高宗，痛哭失声，他说："本朝人看不透金人的阴谋，一切都顺着金人的意思来办，才会有今天的灾祸，如果朝廷上还是这样以金人的喜好来施政，那最好还是不要任命我为宰相。"高宗立即把反对任命李纲为相的人贬出了朝廷，说："现在要使四方安平，使敌国畏服，都离不开您啊，您就不要推辞了。"李纲拿出了自己准备好的施政纲领，高宗看后，比较满意，令群臣议论实施。此后，李纲开始重新组织训练军队，推举良将，宣布凡能收回故土者，都可以得到封赏。在李纲的主持之下，朝廷开始走上正轨。

为了稳定中原局势，李纲主张高宗应暂驻开封，而朝廷中另有一派主张迁都扬州。高宗既不甘心屈居东南一隅，又怕像自己的父兄那样被金人所掳，内心非常矛盾。刚刚和李纲说好了要迁都东京，但没过几天就又宣布要南巡。李纲见皇帝朝令夕改，就在朝廷上据理力争，弄得高宗不胜其烦，最终，李纲被撤职并贬到外地。

李纲被贬之后，金人又一次侵入中原，高宗连忙逃往扬州，并命人将东京太庙内赵氏祖宗的神主和皇家仪仗用品等搬往南方。江南风景秀丽、经济繁荣，高宗在这里过得非常惬意，表示不再北还。

建炎三年，金军大举南侵，宗翰更是派兵直接奔袭扬州。在金军前锋距离扬州城仅有数十里时，高宗还在后宫寻欢作乐，听到战报后，慌忙带领少数随从乘马出城，赶到瓜洲后乘小船逃到大江对岸。很快，扬州城就落入金军手里。

高宗从扬州跑到镇江，接着又逃往建康（今南京），大臣们说这里仅隔着一条长江，也不安全，于是高宗又率大臣奔往杭州。同时，高宗派人向金军议和。为了讨好金人，他起用了张邦昌的亲属，并宣布要惩罚李纲。当听说金军还在继续追赶的时候，他竟说自己没有得到金朝允许就擅自登基称帝，实为大错，现在甘愿放弃帝位，向金朝称臣。但金军仍在南下，他就一路往南狂奔，直到被赶进大海，坐船在温州沿海一带漂泊了四个月之久。

虽然高宗一路南逃，但南宋的广大军民仍在奋起抵抗金兵的入侵，使金兵大受挫折。江南的气候潮湿，河道又非常繁密，金朝的骑兵优势在这里施展不开，金军主帅完颜兀术决定撤兵。金兵在北撤途中，遭到韩世忠、岳飞等人的围追堵截，损失惨重，勉强逃了回去，却从此再也不敢渡江了。

建炎四年四月，高宗在海上知道金兵已经北撤，才从温州回到越州。越州地理位置偏僻，交通不便，南宋朝廷的大批官员和军队集中在这里，却得不到有效的补给。高宗与群臣商议迁到新的都城，他本人对逃难时逗留过的临安（今浙江杭州）有比较好的印象，那里交通方便，而且江河湖泊交错，可以阻挡金人的骑兵，又是鱼米之乡，物产丰富，可以称得上是"东南第一州"。绍兴二年（1132），高宗终于迁都杭州，至此，南宋朝廷才终于获得了喘息之机，初步在东南站稳了脚跟。

二、出师未捷身先死

北宋末期，虽然皇帝们个个怯懦，但朝野上下还是有不少热血男儿。金军进攻时，皇帝一味求和，放弃抵抗，而许多州县的官吏却将手下军民组织起来，积极阻击金军，正是由于这些人的存在，赵宋王朝才能够败而未亡。

宗泽就是当时一位著名的抗金将领。他生于浙江义乌，虽是南人，却生得像一个北方人一样粗犷豪迈。宗泽家里世代务农，小时候家境贫寒。北宋元祐六年（1091），他去京城应进士试，对策陈述时弊，考官对他的直言非常反感，最终以同进士出身勉强录取。

进入朝廷后，宗泽先后担任馆陶县尉、浙江龙游、山东胶水及登州掖县县令。他在职期间勤政爱民，治绩卓著，具有较高的名声，但由于他的性格和主张不合时宜，一直都得不到朝廷的赏识。宣和元年（1119），宗泽因为反对朝廷联合金国攻打契丹，被贬为提举鸿庆官。宗泽认为"天下自是多事矣"，于是上表引退，想在东阳山读书著述以老终生。然而事与愿违，宗泽以前得罪过的权贵乘机落井下石，以莫须有的罪名把他撤职并软禁在镇江，由此他便失去自由。

靖康元年（1126），宗泽受人举荐，被召至京城，任宗正少卿，充和议使前往金国求和。宗泽得到任命后退下朝廷，和人说"此去必不能生还"，人问他原因，他说："金人如果能够悔过退兵也就罢了，不然我身为士大夫，哪有屈膝拜在北庭之下的道理。"钦宗听说后，认为宗泽为人过于刚强，派他去肯定会有碍和议，于是改命他任磁州知州。这时，北方地区的形势十分险恶，金军大举南下，太原失守，宋朝派往两河地区的地方官大多数都会找一些借口不去赴任。宗泽却毅然决然地前往磁州，他说："平时吃着国家俸禄，一到有难的时候，怎么能够只管逃避自保。"在任命书下来的当日，宗泽就领着一支仅仅十几人的队伍赴任去了。宗泽到达磁州城后，发现这里已被金国骑兵劫掠，许多民众都已逃离，整个磁州城眼看着就要变成一片废墟。宗泽立即组织人手修缮城壁，置办守城器械，并大量招募义士，只等金兵来攻。金兵渡河南下时，怕宗泽会从背后袭击，就先派兵进攻磁州。宗泽披甲登城，指挥士兵用神臂弓射退金兵，然后打开城门进行追击，连破金兵三十多寨，杀敌数百。这时刚好碰上康王赵构奉钦宗指派前往金国议和，宗泽力劝他停下，才使这位日后登基建立南宋的康王没有被金人所害。当年冬天，已身陷重围的宋钦宗任命康王为兵马大元帅、宗泽为副帅，要他们立即救援京城。康王率军离开相州，踏冰渡过黄河到达大名，宗泽也率两千赶到大名。这时，钦宗又派人以蜡书传谕康王，让他不要轻举妄动。于是，康王停止进军，而宗泽坚决不相信金人议和的诚意，再三请求之下，赵构终于派宗泽率军万人打着自己的旗号进驻到澶渊。靖康二年（1127），金军带着俘获的徽、钦二帝北上，宗泽得知消息后，立刻赶到大名，准备在金兵归途中夺回徽、钦二帝，但由于其他援军一个也没有来，宗泽一时无法实施计划，最后只能放弃。而后，宗泽上书康王赵构，劝他即皇帝位。

靖康二年（1127）五月，赵构登基。六月，宗泽被任命为襄阳府知府。宗泽极力反对割地求和，他说："臣粗鲁无知，只知道在前线率领众将为国杀敌，能够捐躯报国就已得偿所愿。"新任宰相李纲十分器重宗泽，很快就将已经六十九岁的宗泽改任为开封知府，全面负责开封的防务。经过金兵的洗劫，旧日繁荣的都城已经疮痍满目。城内盗贼横行，物价飞涨，而且金兵还驻扎在距开封城以北不足二百里处，随时都有可能再次进犯，城内整日人心惶惶。宗泽到任后，立刻着手整顿社会秩序。他先抓住几个趁火打劫的小流氓杀头示众，宣布"以后再有抢劫的，不管赃物多少，一律军法从事"，于是开封城内的强盗被迫收敛，百姓开始能够过上平安的日子。

大乱之后，开封城内物价飞涨，宗泽知道这是有奸商在乘机囤积居奇，他仍是先在市场上找几个哄抬物价者，杀头示众，但物价仍然没降下来。原来城中宗室权贵都参与了操纵市场的行为，于是宗泽大加禁止，并开五丈河通西北行商，终于把开封的物价稳定在了战前的水平。

宗泽在开封大力修筑城防设施，并

宗泽像

广泛联合城外的绿林势力，邀请他们加入到反金阵营中。河东义军首领王善号称拥有七十万人马，准备乘乱进占开封。宗泽单枪匹马进入王善营中，见到王善后，握着他的手声泪俱下，说："如果朝廷在危难之时，有像您一样的哪怕是一两个人，哪里还会有什么敌患。现在可正是你立功的时候，机不可失啊。"王善深为感动，当下解甲归降。当时，往返于黄淮之间的起义军还有数万人，首领分别是杨进、王再兴、李贵、王大郎等人，他们也先后投到宗泽麾下，一时间开封府军威大振。

在金兵攻占洛阳的时候，宗泽派部将郭振民、李景良带兵前去支援，结果打了败仗。郭振民向金军投降，李景良吓得跑了。宗泽随即派兵将李景良捉拿回来，说："打仗失败，本是情有可原，但你私自逃走，就罪无可赦了。"说完，令兵士将李景良推出斩首。郭振民投降后，金人派他和一名金将一起到开封，劝宗泽投降。宗泽在开封府大堂接见他们，对郭振民说："如果你在阵前战死，那就是忠义之鬼。可你现在做了叛徒，竟然还有脸来见我！"随即喝令兵士把郭振民推出去斩了。宗泽对同行的金将不住地冷笑，说："我既然守了这座城池，早就已经不再惜命，你既是金朝将领，就应该在战场上打仗，想来这里用花言巧语诱骗我，那你找错了门路！"说完，叫上来几个兵士，把金将也拉下去杀了。

宗泽连杀三人，表明了抗金的坚定决心，大大激励了宋军士气。

此时岳飞投奔宗泽的帐下，宗泽非常欣赏他的才能，令他统领骑兵，岳飞听命而行，立了不少战功。

建炎二年（1128）春，金兀术从郑州到达白沙，离汴京很近。宗泽选派了精兵数千人，绕到敌后，埋伏在金人的退路上，与前面的宋军对金人形成前后夹击之势，将金兵打得大败，金兀术被迫撤兵离去。宗泽屡次打败金人，威名越来越大，金军将士对宗泽又害怕，又钦佩，提到宗泽，他们都称他为"宗爷爷"。

宗泽计划兵分数路渡过黄河，收复北方失地，他接连写了二十几道奏章，请高宗回到开封，但都被搁置不议。宗泽非常生气，此时他已经是七十岁的老人，又急又气之下，背上毒疮发作。当将士们去问候他时，宗泽已经病得很重。他张开眼睛激动地说："我是因为国仇不能报，心里忧愤，才得了这个病。只要你们努力杀敌，我死了也没有遗憾了。出师未捷身先死，长使英雄泪满襟！"宗泽大声地念出唐朝诗人杜甫的名句，将士们听了无不流下热泪。最后，宗泽连呼三声"渡河！渡河！渡河！"，离开了人世。

宗泽死后，儿子宗颖和部将岳飞将他的灵柩护送到镇江，与夫人陈氏合葬于京岘山麓。高宗派了杜充来开封接替宗泽的职务，杜充一到，就把宗泽的一切防守措施都废除了。宗泽好不容易聚集起来的各路义军也作鸟兽散。没过多久，中原地区就全部落在了金军手里。

宋·同姓诸侯王子印

三、撼山易，撼岳家军难

建炎四年（1130）九月，金国册立刘豫为"大齐皇帝"，建立傀儡政权，统治河南、陕西大部地区，与南宋对峙。

虽然宋高宗和他的宠臣奉行屈膝投降的政策，但是宋朝各地的人民纷纷奋起抗击金军的残暴掳掠。朝廷内部主战派和主和派的斗争也非常激烈，抗金民族英雄岳飞就是南宋初期主战派的一面旗帜。

岳飞是相州汤阴（今河南汤阴）人，出身农家，曾经做过佃客。虽然家境贫寒，岳飞却性格豪爽，并不吝惜钱财，生来就性格大度。小时候，他受过村学教育，从小就喜欢读《孙子兵法》《左传》等与战争有关的书，同时，他还拜师学习骑射，练得一身好武艺。岳飞在北宋末年从军，参加征辽战争。南

岳飞画像

宋初年他作为河北招抚司的下级将校，随王彦渡过黄河在河北一带抗金。离开王彦后，岳飞投奔到留守东京的宗泽麾下，宗泽很欣赏他的才能，任他为统制，对他说："你智勇双全，堪称古今难得的良将，但你太喜欢野战，恐怕不能万全。"于是，宗泽拿出阵图，教他排兵布阵的方法。岳飞却微微一笑，说："布兵作战都是兵法的常规，但运用的奥秘，却全凭心中揣摩。"看岳飞如此，宗泽不但不生气，反而更加欣赏他。

宗泽死后，岳飞随杜充从开封撤到建康。杜充在金兀术渡江南侵的时候吓得不敢守城，逃避而去，最后竟然无耻地向金军投降。岳飞一直率领自己的部队孤军奋战，当金兀术从江南撤军的时候，他又在建康附近奋勇追击，打得金人大败，岳飞乘胜收复了建康。这时的岳飞，已经经历了大小二百多场战役，因为英勇善战，在军士中有很高的声誉。绍兴二年（1132），岳飞已经成为守卫长江中游的主帅，这时他只有30岁。

绍兴四年（1134），岳飞奉命挥师北伐，从鄂州（今湖北武昌）到襄阳（今湖北襄阳），向伪齐政权的守军发起猛烈进攻。按照预定计划，岳飞用了两个月的时间先后收复襄阳、郢州（今湖北钟祥）、随州（今湖北随州）、邓州（今河南邓州）、唐州（今河南唐河）等地。这是宋高宗登基以来第一次收复大片失地，年仅32岁的岳飞也因此受到重奖，被封为清远军节度使，成为南宋大将中最年轻有为的一个。

岳飞率领的"岳家军"纪律严明，战功显赫，而且从不滋扰百姓，深受民众的爱戴，是一支坚不可摧的铁军。

由于岳飞等将领率领南宋军民英勇杀敌，在建炎四年（1130）的时候，宋金双方力量对比就开始发生转变。先是大将韩世忠在黄天荡（今江苏南京东北）一带大败金兀术；在陕西战场吴玠、吴璘兄弟也沉重地打击了金军，迫使金兀术放弃由陕西进入四川的打算；荆湖一线的岳飞更是重创伪齐并收复襄阳六州。这样，西北战场和两淮战线就连接在了一起，南宋的防御力量明显得到加强。当绍兴四年（1134）九月金兀术率军大举渡淮南侵时，又被岳飞、韩世忠所率宋军击退，于是很快就被迫撤军。这一切都表明在宋金战场上，金兵的军事优势在逐渐消失，连金人自己都感叹说："以前是我强他弱，而今却是我弱他强。"于是，金廷内部开始有人主张议和，他们计划将伪齐管辖的河南、陕西划归南宋，以此换取南宋的臣服。宋高宗知道这个消息后，喜出望外，于绍兴八年（1138）任命秦桧为右相，专门负责议和的事情，而其他大臣不得参与，终于在绍兴九年正月同金朝订下了和约，向金称臣纳贡。

签订完议和和约后，许多朝臣纷纷向高宗上表称贺，而岳飞不仅不上贺表，反而对宋高宗说"愿意领兵收复两河，攻下燕云，哪能够向人低首称藩"，这使宋高宗大为恼怒，更让秦桧恨得咬牙切齿。

岳飞早就提醒高宗金人并非真心议和，果然，和约还没签订半年，金廷内部发生内讧，主张对南宋作战的金兀术掌握了军权，他很快就撕毁和约，并在第二年五月，分兵两路向陕西和河南大举进攻。金兵很快夺取了河南、陕西，接着向淮南逼来。宋高宗一下子又慌了手脚，赶忙下诏让已经辞官在家守母丧的岳飞从襄阳出击，牵制向淮南及陕西进攻的金兵。很快，金兀术兵败撤到了开封，金兵对淮南的威胁解除了。宋高宗一看淮南的威胁解除了，于是就改变了主意，命令岳飞不要再往前进发，并让他早日班师回朝。岳飞认为这是千载难逢的大好机会，可以大举收复失地，于是自己率军进入中原，分别攻占郑州、洛阳等地，还派遣部将梁兴等人率一部人马深入到黄河以北，去袭扰金军的后方。这下让金兀术看到了可乘之机，他看岳家军兵力分散开了，就亲自率精锐骑兵万余人向岳家军指挥中心——郾城（今属河南）发动进攻。

绍兴十年（1140）七月，双方在郾城展开了对决。岳飞让他的儿子岳云率领轻骑兵攻入敌阵，往来冲杀。金军方面出动了战马和士兵身上都披了重甲的"铁浮图"作正面进攻，另外以骑兵为左右翼，以号称"拐子马"的战术向岳家军压来。岳飞派步兵持麻扎刀、大斧等，上砍敌兵，下砍马足，使金兵的重骑兵不能发挥作用。岳家军个个奋勇作战，其中更是有一名叫杨再兴的勇将，突入敌阵，打算活捉金兀术。双方的激战从下午一直打到天黑，最终金军大败。接着岳家军又在颍昌府打得金兀术狼狈逃窜，并一直追击到距开封仅二十多公里的朱仙镇。这时，黄河南北许多坚持抗金的义兵都打着岳家军的旗号响应岳飞的北伐，其他各路宋兵也转入局部反击，抗金形势一片大好。经过这一场战争，金军连连惊呼"撼山易，撼岳家军难"，金兀术也准备撤离开封，以避免被岳家军全歼。

岳母刺字图

岳飞上书高宗，要求准许宋军全线进攻，但是宋高宗只要金军不南侵就已经很满足了，他不仅不同意岳飞的要求，反而下令各路宋军班师，使岳家军孤军无援。接着，他又连发了十二道金牌，强令岳飞退兵。岳飞只得班师回朝，他悲愤地向众将士说："十年之功，废于一旦。"

为了向金人显示议和诚意，并避免朝内抗金派的阻挠，岳飞回京之后，就被解除兵权，另一位大将韩世忠也在同时被贬。金兀术连败于宋军，终于认识到对宋战争已不可能用武力取胜，也表示愿与南宋议和。眼看议和已成，高宗觉得已不再需要像岳飞这样的良将，再加上岳飞在军中的影响实在太高，高宗对他也十分猜忌，秦桧更是欲害死岳飞而后快，于是他们以谋反的罪名将岳飞、岳云父子和部将张宪逮捕入狱。

绍兴十一年（1141）十一月，宋、金订立和议：南宋向金朝称臣，每年纳贡银二十五万两、绢二十五万匹，以淮水为界，将淮水以北的地区划归金朝。此和议称为"绍兴和议"。绍兴和议订立后一个月，高宗和秦桧以"莫须有"的罪名将岳飞父子杀害，当时岳飞年仅三十九岁，岳云年仅二十三岁。临刑前，岳飞在监狱的墙上挥笔写下了"天日昭昭，天日昭昭"八个大字。

点　评

南宋初年有三员大将，分别是岳飞、韩世忠和张俊，正是这三个人率领军队奋勇杀敌，才使赵宋王朝得以死而复生。

高宗遵从太祖皇帝留下的祖训，认为武将是心腹之患。他力主投降，外患一旦减轻，就开始削弱军队。

张俊善于迎合皇帝，见风使舵；韩世忠也能在去兵之后，假装优游山水，骑驴闲逛，因而他们两人都得以逃过一劫。岳飞性格刚强，始终不肯放弃恢复中原的主张，再加上他在军中威望极高，正是高宗和投降派的眼中钉，由此造成了岳飞的悲剧结局。

相关链接

赵构小传

赵构（1107—1187），南宋第一个皇帝。宋徽宗第九子，钦宗赵桓之弟，15岁封为康王。1127年金兵俘徽、钦二宗北去后，在南京应天府（今河南商丘）即位，改元建炎。拒绝主战派抗金主张，南逃至临安（今浙江杭州）定都，史称南宋。即位初年，迫于形势起用抗金将领，但同时重用投降派代表秦桧。后以割地、纳贡、称臣等屈辱条件向金人乞降求和，收大将兵权，杀害岳飞。绍兴三十二年（1162年）传位于孝宗，自称太上皇。在位三十六年，庙号高宗。

雁门关

第八章 偏安江南的朝廷

太师椅安坐大奸贼，钱眼里钻进张郡王。

一、钟相、杨么起义

早在北宋末年，鼎州武陵（今湖南常德）人钟相就在家乡创建了一个类似摩尼教的宗教组织，他利用一些法术为人治病，并联络群众。凡是加入他的教派的农民都要交一点钱粮，这些人在教派内部实行互助共济，因为群体的力量，凡是加入他这个教派的农民生活都会比以前强上一些，所以聚集了不少人。钟相公开宣称："如果法分贵贱贫富，那它就不是好法。我主张的法，应当是不分贵贱，贫富均等。"他的主张深受群众拥护，他被人们称为"老爷"和"天大圣"。

发展了二十多年后，钟相的影响已经扩大到洞庭湖周围各县。此时，高宗在南方登基，他一面对金朝屈辱求和，一面加重税捐，使南方老百姓的生活更加困难。靖康二年（1127）初，钟相组织了三百名民兵，让长子钟子昂率兵北上抗金，这支队伍还没有跟金兵接触，就被高宗一道圣旨遣返了。领兵回来后，钟相开始以这支队伍为基础筹划起义。建炎四年（1130），金兵攻占潭州，抢掠一阵之后就撤走了。被金兵打败的宋朝团练使孔彦舟趁机带着一批败阵下来的兵卒在这里纵火抢劫，向农民催逼粮租。钟相恰当地利用了当地的民愤,宣布起义。

钟相建国号为楚,自称楚王,并封自己的长子钟子昂为太子。附近各县的许多农民听说"天大圣"起义的消息后,纷纷前来投奔。

起义军攻占城池,毁坏寺观、神庙,抢夺富豪之家,杀官吏和百姓痛恨的人,并把地主的土地归为己有。钟相把杀官吏等称为"行法",把平分这些人的财产称为"均平",斥宋朝国法为"邪法",对于农夫、渔夫和樵夫等贫苦百姓则加以保护。钟相还宣布,凡是参加起义军的,一律免除赋税差科,不受官司法令的束缚。这些主张和行动受到当地人民的热烈拥护,起义军很快就攻占了鼎、澧、荆南(今湖北江陵)、潭、峡(今湖北宜昌附近)、岳(今湖南岳阳)、辰(今湖南沅陵)等洞庭湖周围的19个县。

看到起义军声势浩大,南宋朝廷十分恐慌,任命孔彦舟担任招讨使,前往镇压。孔彦舟知道正面进攻打不过钟相,就派了一批奸细假扮成平民,混进钟相起义军队伍。接下来,孔彦舟发起进攻,和埋伏在起义军内部的奸细里应外合,打败了起义军,钟相和他的儿子钟子昂被捕,并遭到杀害。

钟相牺牲后,起义军推杨幺当首领,继续和官军作战。杨幺并不是他本名,他原来叫杨太,因为他年纪很轻,起义将士就按当地的习惯亲密地称他为杨幺(念yāo,意思为幼小)。起义军在杨幺的领导下,在洞庭湖沿岸建立营寨,并在湖上造了大批的船只,他们平时在耕地上生产,战时打仗。起义军充分利用洞庭湖河港交错的地形和善于操纵船只的特长,采用水陆两栖的战术与官军周旋,力量越来越壮大。

高宗派程昌寓担任镇抚使到鼎州镇压。官军制造了大批车船，这种船可装载水军一千人，由人在上面踏动转轮就可以使船进退。当程昌寓指挥水军使用车船攻打起义军水寨时，不想水寨滩头的水很浅，车船开进去搁浅在那里动弹不得。起义军趁势发起攻击，船上的官军吓得赶紧弃船逃跑，这些车船就全部落在了起义军手里。

随着起义军的队伍越来越壮大，杨么拥立钟相的另一个儿子钟子仪为太子，杨么自称大圣天王，重新建立起楚政权。这时，起义军已经控制了北到公安，西到鼎、澧，东到岳阳，南到长沙的大片地区。

南宋朝廷不可能坐视杨么的势力越来越大，高宗又派出六万人马向洞庭湖杀来。这一次官军不敢再用大船，改用小船进攻。起义军就用缴获的和自己新造的车船迎战。这些车船都有好几丈高，来回行驶很快，起义军在船身的前后左右都装上了拍竿，拍竿上绑着大石，只要一接近官军的小船，起义军就摇动拍竿，发出大石把官船击沉。车船上还有人用硬木削尖的"木老鸦"和弓箭一起射向官军，官军不敢恋战，吓得纷纷逃窜。同时，杨么还率几只大车船，进攻在下游的宋朝水军。他让兵士们全都隐藏起来，船上也不树旗帜，结果宋军看到上游漂下来的大船，以为是杨么的起义军已经被官兵打败了，这些船才顺流漂下来的。于是，宋军驾驶船只靠近空船，兵士们用绳索将船套住，拉着往广阔的湖面上去。突然，几只大船里传出一阵阵擂鼓声和喊杀声，藏在船舱里的起义军出

宋·鹭鸟纹蜡染褶裙

来踏动车船，快速行驶的车船将官军的几百只小船撞得东倒西歪，很快就全都沉到了水里。这一仗，宋军损失了一万多人，丢掉了大批武器盔甲等装备。

由金人扶持的刘豫伪齐政权听说杨幺不断胜利的消息，就派人带着金帛文书，告诉杨幺说只要起义军进攻宋朝，谁攻下州县，就封谁做知州或知县，杨幺当时就拒绝了。伪齐不死心，接着又派了三十五个人带了官诰、金带、锦袍前来诱使杨幺投降，这一次，杨幺命人把三十五个伪齐使者全都用酒灌醉，然后推出去砍了。

高宗看杨幺对自己皇位的威胁越来越大，就调派了岳飞领着他的岳家军前去镇压，同时派出宰相张俊督战。宋军在洞庭湖区各个要道都驻扎重兵，逐步缩小包围圈，并对起义军实行经济封锁，选择在夏季的时候进兵，毁坏起义军的庄稼，使杨幺占领的地区陷入灾荒之中。宋军还派人深入起义军内部，劝降起义军的主要将官，使起义军逐渐分化瓦解。等这一切准备得差不多了，宋军再全力发起进攻，杨幺率人力战不屈，终于不敌，最后被俘牺牲。

杨幺死后，仍有起义军坚持抗争，抗争历经了一年多，最终失败。钟相、杨幺领导的这次起义前后共持续六年半时间，对新建立的南宋朝廷是一个不小的打击。

芙蓉锦鸡图轴

二、坐在太师椅上的奸贼

桧是一种树干笔直的常绿乔木，古人常将桧树和柏树相提并论，来表示刚直坚贞的美德，还将它作为长寿的象征。可是这一情形到了秦桧身后，就完全变了样子，秦桧的为人，没有丝毫刚直的影子，他的心思阴柔而且狠毒。由于岳飞的故事深入人心，害死岳飞后，秦桧就留下了千古骂名。清朝时有一个姓秦的人去拜谒岳飞墓，当场写下两句诗："人从宋后羞名桧，我至坟前愧姓秦。"

秦桧原在北宋朝廷做官，后来随徽、钦二帝一起被掳到金国。高宗做了皇帝以后，秦桧从北方归来，许多人都觉得他来路可疑，反对高宗任用他。可是他力主议和，很对高宗心思，而且秦桧还到处宣称，说："我有两个锦囊妙计，只要做上宰相，就一定能够震惊天下。"由于高宗的青睐，秦桧很快就升为宰相，人们都想看看这个秦桧能拿出什么惊人的治国方略，没想到他提出的"二策"竟然是"南人归南，北人归北"，意思就是让原来属于南方的人留在南方，有从北方来到南方的人全都遣送回北方。这时南宋朝廷的许多文臣武将都是从北方来的，要是把他们都送回北方，南宋朝廷一下子就会垮掉。宋高宗也非常尴尬，说："朕也是北人，还能归到哪儿去？"后来，宋金议和，金使提出的条件竟也是"南人归南，北人归北"，由此很多人更是怀疑秦桧是金人派来的奸细。

但秦桧看准了高宗的心思，积极主张议和，在宰相的位置上一直坐得很稳。他还将朝中与自己不和的大臣排挤出去，并在身边拉拢了一批小人。每当攻击别的大臣的时候，往往都是由秦桧授意自己的爪牙出面，可是他们用的奏折却大都由秦桧亲自起草。后来，人们熟悉了秦桧的文风，每当再有这样的奏折出现时，就暗暗讥讽，说"又是老秦文笔"。

岳飞被解除兵权以后，仍然不放弃恢复中原的主张，秦桧勾结张俊，诬告岳飞的部下张宪，说张宪企图让岳飞重掌兵权，接着将岳飞和岳云父子逮捕。初审时，岳飞仰天大笑，撕裂衣裳，露出后背上"精忠报国"四个大字，初审官看四字墨色已深入肌肤，十分感动，向上报告说此案没有证据，岳飞是无辜的，结果秦桧大怒，将初审官贬到了外地，然后另外派人审理，千方百计地给岳飞罗织罪名。与岳飞同为抗金名将的韩世忠知道后，闯入相府，质问秦桧这样做究竟有什么证据，秦桧吞吞吐吐地说："岳飞与岳云谋反之心莫须有（也许有的意思）。"韩世忠气愤地说："莫须有三字何以服天下！"

找不到岳飞谋反的证据，秦桧也非常着急。一天，他待在书房里，手里拿着刚刚吃过的柑子皮，不停地揉搓，好像在想着什么心事。他的老婆王氏来到房里，笑着对他说："你怎么这么难以决断，你不能不知道捉虎容易放虎难的道理吧？"

秦桧似乎终有所悟，拿纸写了几个字，派人秘密送到监狱里，当晚，岳飞就不明不白地死在了狱中。接着，岳云和张宪在杭州被公开杀害，岳家被抄，家属和许多部下都被发配到岭南。

"绍兴议和"后，秦桧更得高宗宠爱，高宗赏赐给他大量的金银和大片的豪宅。秦桧在府邸大摆宴席，还叫来皇家教坊的戏子们前来表演助兴。一个戏子在前面唱着小曲，大赞秦丞相的功德；另有一个小丑跟在后面，手里端着把太师椅，让前面唱曲的戏子坐下。那人刚坐下，头巾就掉了下来，脑袋后的头发上露出两个大环。小丑问他："这是什么环？"戏子答道："这是二胜环。"小丑用手中的扇子在他头上敲了一下，嬉皮笑脸地说："你只管坐在太师椅上领赏就好了，怎么将二胜环放在了脑后？"在场的宾客听了这话，全都大吃一惊，原来，秦桧又被人尊称为太师，而"二胜环"是抗金将领创制的旗徽，谐音就是"二圣还"，表示要打入金国，将徽、钦两位皇帝迎回国内。两个戏子一唱一和，明显是在讽刺秦桧，秦桧果然大怒，第二天就把他们下狱害死了。

秦桧虽然得到皇上的宠爱，但不少义士都想除之而后快。一天，正是五更天的时候，秦桧骑马上朝，经过望仙桥的时候，突然窜出一个黑影，照着他举刀就砍，秦桧的马受惊跳了起来，这一刀没有砍中秦桧，却砍在了桥栏杆上，由于用力过大，刺客一时没能把刀拔出来，被秦桧的侍卫一拥而上逮住。审讯时，刺客慷慨激昂地说："全国都与金人为仇，只有你一人把金人当成主子，来就是要杀你，可惜没有成功。"刺客被杀之后，秦桧每次外出都非常恐慌，至少要带五十个人保驾，在家里的时候也是非常小心，奴仆也不能随便进入他的房间。

秦桧死后，皇上命令以国礼来送葬，葬礼非常隆重，秦桧的墓前立了一座大碑，可在当时没人愿意为他撰写碑文，所以上面一个字也没有刻。在明朝的时候，秦桧的墓被人盗掘，地方官因为厌恶秦桧的行为，大大减轻了对盗墓贼的惩罚。

三、钻进钱眼里的张俊

南宋初年的三员大将中，张俊位居首位。论战功，他比不上岳飞、韩世忠，但他善于迎合皇上，因此常常伴在皇帝身边。虽然打仗比不上岳飞等人，不过，张俊捞钱和享福的本事却可以称得上是天下第一。

张俊是陇西成纪（今甘肃天水）人，并非生长在富裕人家，虽然家境不是太好，但张俊很勤奋，而且有一定的天赋，从小就练得弓马娴熟，十六岁时以三阳弓箭手投身军队，在进攻西夏、防御金兵的战斗中立下不少战功，被授为武功大夫。靖康元年（1126），金兵合围榆次时，宋军主帅阵亡，张俊率领几百个人突围出来，且斩杀追兵五百多人，一时声名大振。徽、钦二帝被金人掳走以后，张俊看清形势，积极拥立赵构为皇帝，被升为御营前营统使，成为赵构的亲信。

张俊消灭了不少南方的武装割据势力，使南宋朝廷暂时有了立足之地。他顺应高宗的意思，说现在金人势力正强，应该南渡，待国家安定时,再大举恢复中原也不迟。后来,赵构定都临安,张俊更得宠信。

高宗在杭州稳定下来以后,把张俊留在身边,此时岳飞、韩世忠等人都率领部队连年在外征战,只有张俊的部队长期驻扎在京城一带。为了显示武力,张俊选择长得高大威猛的士兵,在他们的手臂一直到足踝上都刺上花纹,然后穿上短小的衣服,在京城招摇过市,吸引民众围观。百姓感叹岳飞等人在前线浴血奋战,而张俊却在后方玩弄这些花拳绣腿。

南宋君臣不顾前方军士正在攻城恢复失地,在都城里大兴土木。张俊让兵士为皇帝修建宫殿,同时为自己修造豪宅。同时,他还无偿役使军士修造了一座"太平酒楼",用于自己享乐并赚钱营私。当时都城里盛传着一首歌谣说:"张家寨里没来由,使他花腿抬石头。二圣犹自救不得,行在盖起太平楼。"以至连皇帝都听到民间的非议,皇帝把张俊召到身边,苦口婆心地劝他说:"你现在可以修房造舍,但不要弄得这么大的动静,不要在民众面前太过招摇了。别人都说朕对你最好,所以你更要体会圣恩。"

皇帝如此表态,张俊以后捞钱就更加努力了。张俊不仅自己能捞钱,也能"知人善任",找到为自己捞钱的帮手。一次,张俊游后花园,看见一个老兵在树荫下睡懒觉,便用脚把他踢醒,责问道:"你为什么这么喜欢睡觉?"老兵没好气地说:"不是我喜欢睡懒觉,是整天没事可做!"张俊问他:"那你会做什么事啊?"老兵毫不谦虚,毛遂自荐般地说:"什么事都会做一点,但在经商这方面最是在行。"张俊接着问他经商需用多少钱。老兵不慌不忙地回答道:"大帅,你是懂得无本难求利、大本求大利的道理的。如果经商是为了一家老小吃花,一万钱就足够了。如果是为了补充军饷,那当然是钱越多越好。"张俊听了老兵的话,感到他言之有理,就说:"给你五万够不够?"老兵摇头,"那你想要多少?"张俊问他。"一百万最好不过,最少也要五十万。"老兵回答。于是,张俊当场就给了老兵五十万钱,任由他支配。老兵用这些钱造了一艘大海船,采购了许多奇珍异宝、绫罗绸缎,还买了一百多个能歌善舞的美女,接着又招募了几十个航海经验丰富的人,然后就飘然出海了。一年之后,老兵回来了,这一次,他带回来的不仅有自己坐着出海的那艘大船,后面还跟着好几艘,而且都装满了珍珠翡翠、宝石香料等海外的珍宝,还带回许多骏马。张俊一看大喜,此时南宋军中正缺战马,得到这些战马,使张俊的部队战斗力大增。老兵带回来的其他珍宝,更是其所花本钱的几十倍。张俊问这位老兵出海经商的经过,老兵说:"我到了海外的国家,称自己是大宋的使节,将丝绸送给国王,然后请当地的达官贵人赴宴,让美女为他们表演歌舞,让他们看得入迷,他们就拿出宝马来换这些美女,还送了我不少珍宝。"张俊点头称奇,贪心不足地问他:"那你是不是再去一趟,为我赚更多的钱?"老兵说:"上次去是因为别人看着新鲜,如果再去的话,别人就要说我是骗子了,我现在还是想像以前那样做您手下一个普通的士兵,老死在您的后花园。"

绍兴二十一年(1151),高宗銮驾出宫,从御街出发,过了朝天门,直奔张俊的清河郡王府,随行的有宰相秦桧、殿帅、外戚和皇子等权贵。这是高宗在位三十二年中,第二次去一个大臣家里。上一次他到的是秦桧的府第。

为了讨好皇帝,张俊大力准备宴席,光是正宴之前的干鲜果品、蜜饯小吃就有一百多种，正式御筵时菜品更加丰富，共一百二十款。其中包括"下酒十五盏"，每盏两道菜，都是成双成对送上来，共计三十种菜，还有插食六样，厨劝酒十味，对食二十份，等等。时间过了正午，高宗皇帝吃得高兴，仍然和群臣谈笑风生，张俊有点坐不住了，好几次跟随行的大宦官耳语，让他催促高宗起身回宫。张府的人都很纳闷，不明白张俊为什么要这么做，张俊说："做臣子的，谁都希望皇上在自己的家里待的时间越长越好，只是上次皇上去秦相的府里，午饭一过就回宫了，我哪能跟秦相争宠呢。"众人这才醒悟，张俊为人的狡猾可见一斑。

一次高宗在宫中与群臣看戏。有一个戏子上台说："我上知天文，下知地理，只要拿一文钱对贵人照一下，就能看到贵人的星相。"他装模作样地先看高宗，说是"帝星"，然后看秦桧，说是"相星"，看韩世忠，说是"将星"，当看到张俊的时候，他左看右看地看了半天，说没有看到星，众人催他再看，他就又看了一会儿，然后阴阳怪气地说："我还是看不到星，只是看到张郡王坐在钱眼里。"一句话刚说完，殿上的君臣，除了张俊，全都哄堂大笑起来。

张俊死的时候六十九岁，葬礼上皇帝亲自来哭送，以国礼下葬。

四、皇帝让给儿子做

从徽宗开始,宋朝在位的皇帝会找个借口退下位来,把皇位让给自己的儿子。到了南宋,这更像是成了一个传统。

高宗自己没有儿子,可皇位不能没人继承,于是高宗决定从皇族中挑选幼子作为养子。于是他在朝上对大臣说:"当初太祖以神武定天下,可是他的子孙却不能享福,现在又遭此国难,四处飘零,甚是可怜。朕如果不来振兴这一系,难以告慰太祖在天之灵。"高宗命人从太祖的后裔中选了十名幼子入宫,几经筛选之后,还剩下两个,一个胖的,一个瘦的,最终决定留下那个胖小孩。高宗说:"把他们两个叫来,我再看一看。"两个孩子并肩站到皇帝面前,这时忽然有一只猫从旁边经过,那个胖孩子抬脚踢了它一下。高宗一看,皱起了眉头,说:"一只猫偶然经过,就要踢它,如此轻浮,怎么当得大任。"于是,又改留那个瘦孩子,将他改名为赵昚。

绍兴三年(1133),金军又开始谋划进攻宋朝。高宗年轻时曾在金人营中做过俘虏,后来又颠沛流离,吃了许多苦头,才终于在南方安稳下来，享了二十年的福。他看现在金军又要来打宋朝，不想自己的晚年不得清静，就萌生了退意。赵昚英武聪慧，他知道满朝文武都是高宗的人，自己又不过是个养子，所以当高宗提出要禅位时，他推辞再三，直到清楚高宗确实是厌倦了政事，才做出不得已的样子坐上皇位，史称孝宗。举行禅位仪式的那天，天下起了大雨，仪式完了，高宗便迁往德寿宫。孝宗扶着高宗的轿子，冒雨送出宫门，仍不停步，直到高宗命左右把他拉住，才回到宫中。高宗见他殷勤，非常满意，说："我托付的这个人很孝顺，现在没什么可遗憾的了。"

孝宗的确是孝顺。高宗虽然退位，但他的太上皇又做了二十多年，还时不时地过问军国政事，孝宗一是畏惧，另外也对高宗心存感激，毕竟自己出身平民，现在却做上了皇帝，所以对高宗百依百顺。他还每月至少四次去德寿宫拜见高宗，知道高宗喜欢字画古玩，总是不惜高价买来送给他。虽然孝宗事事小心，但还是免不了因为政事惹怒高宗，每当这个时候，他只能委屈自己，顺着高宗的意思来办。孝宗一共在位二十七年，其中倒有二十四年是在太上皇的威严之下战战兢兢度过的。

孝宗年轻的时候本也想着干一番事

雪树寒禽图轴

第八章 偏安江南的朝廷

业，但毕竟高宗还活着，朝中各种政治势力纷繁错杂，一直到晚年他也未能施展抱负，只好将恢复中原的希望寄托在下一代人的身上。淳熙十四年（1187），八十一岁的太上皇高宗一病不起，孝宗当即表示要服孝三年，这时他也已经是六十多岁的人了，眼看自己振兴国家已经没有了希望，就越来越厌倦政事，开始安排禅位。淳熙十六年（1189），皇太子赵惇登基，史称光宗。孝宗自己做了太上皇，移居到原来高宗居住的德寿宫。

光宗这个人一登皇位，就露出了嗜酒好色、贪婪无度的本性，将孝宗好不容易积攒下来用于光复中原的钱财全都拿来建造宫舍，挥霍享乐。孝宗对高宗十分孝顺，而光宗虽然是孝宗的亲生儿子，却对他不闻不问，连例常的拜见也不去。孝宗心下凄凉，常常一个人坐在一间小屋里一待就是一天。一次，他听到宫外有小孩子在游戏中喊"赵官家，赵官家"（皇帝的称号），不禁老泪纵横，自言自语地说："我叫他都不来，你们更是白叫了。"不久就郁闷成疾。

淳熙五年（1194）春天，孝宗已经病危，要再见儿子一面，光宗却仍在后宫饮酒作乐，不去探视。宰相等人去宫里请他，他就将宰相赶出京城，一时朝政也没人主持了。还是孝宗干预，宰相才终于回朝。到六月底，孝宗没能看到自己的儿子，怀着遗恨死去。群臣在殿上劝光宗立即前往德寿宫为太上皇发丧，光宗一听，起身就走，大臣们拉住他的衣襟，挣扎中连衣服都扯破了，光宗仍是不许。太子嘉王几次哭着进内宫劝说，光宗也不肯出宫，只给宰相写了"历岁事久，念欲退闲"八个字的御札。大臣们个个手足无措，其中有大臣秘密地商量另立新君，说既然有皇上的八字御札，不如干脆立嘉王为帝。这个主意得到了太皇太后吴氏（高宗时皇后）的支持。七月二十四日，举行孝宗丧礼的最后一个仪式，群臣在这一天全都脱去孝服。之后，太后就座，枢密院赵汝愚率众臣参见太后，向太后奏道："皇上生病，不能主持丧礼，我等请求立嘉王为太子，皇上先批'很好'二字，又送来'历岁事久，念欲退闲'八个字，到底该怎么办，请太皇太后定夺。"吴太后说："既然有皇帝的御批，你们执行就是了。"赵汝愚马上取出事先拟好的文件，宣布嘉王赵扩即皇帝位。嘉王没有丝毫思想准备，见人拿着皇袍上来，吓得直往后退。吴太后过来，亲自把龙袍套在他身上，百感交集地说："我见你太爷爷当皇帝，又见你爷爷、你爹即位，今天，我又亲眼看着你登上皇位。"话未说完，祖孙俩抱头痛哭。在众人的劝说之下，内禅典礼终于完成，赵扩登皇帝位，史称宁宗。

宁宗登基已是南宋第三次皇位内禅，只不过和前两次不同的是，这一次并没有得到还活着的光宗的同意。光宗在内宫里听到宁宗即位的消息，当即就疯了，在宫里失声嚎哭，要不就大声咒骂，宫人私底下都叫他"疯皇"。

宋宁宗像

五、史弥远专权

在宁宗前期，韩侂胄权倾朝野。之后，就换成史弥远了。

史弥远是明州鄞县（今浙江宁波）人，他在淳熙十四年（1187）考中了进士，先后做过太常主簿、诸王宫太小教谕、起居郎等官。当时，朝廷对金是战还是和引起大臣的强烈争议，韩侂胄在朝中任枢密都承旨，加开府仪同三司，权位在左右丞相之上，由于他力主出兵，最终南宋和金朝又打了起来，但交战后南宋军队损失惨重，大败而归。

打仗失败了，南宋只好再与金朝和谈。金国提出了五项要求：第一，割让两淮；第二，增加岁币；第三，巨额战争赔款；第四，双方归还被俘人员；第五，交出与金作战的主谋——韩侂胄。前四项问题都不是太大，最后一条韩侂胄当然不答应，此时他在南宋朝廷说一不二，怎么可能自动送上门去被金国砍脑袋。所以听了金国的要求，韩侂胄就宣布要与金国血战到底。韩侂胄为了自己的性命不惜把整个国家都搭上，这引起了南宋各种势力的恐慌，以前就想要除去韩侂胄的人现在更是加紧了谋划。

史弥远此时任礼部侍郎兼资善堂翊善，他与韩侂胄长期不和，欲除之而后快。宫里的杨皇后为了能使自己欣赏的皇子将来顺利登基，也早想诛灭韩侂胄，于是两人一拍即合。很快，史弥远又联络了几个朝臣一起密谈，商讨实施计划。先由杨皇后假造圣旨，写出"令韩侂胄免职与闲官，即日出国门"的密诏，然后史弥远以密诏命宫禁卫队实施。开禧三年（1207）十一月二日，当韩侂胄上朝经过六部桥时，埋伏在这里的宫禁卫队一拥而上，将毫无防备的韩侂胄擒获，然后把他抬到玉津园的夹墙内，一名武将正等在这里，看到韩侂胄来了，上前一锤就结束了他的性命。

因为诛杀韩侂胄有功，史弥远升任右丞相兼枢密使，以他为代表参与和金国的谈判。金国不仅提出增加战争赔款的要求，还坚持要韩侂胄的人头。史弥远不顾国体，答应了金国的要求，将韩侂胄的人头献给了敌国。嘉定元年（1208），史弥远迁知枢密院事，进奉化郡侯，兼参知政事，拜右丞相，从此大权独揽。

史弥远等组织诛杀韩侂胄的一帮人进入了政权中心，皇子赵询也在杨皇后的支持下被立为太子。史弥远非常善于要弄政治手腕，将一个个政敌轻松地除掉，自己则迅速被提升。宁宗这个人本来懦弱无能，韩侂胄专权时朝政都交给了韩侂胄，韩侂胄死了以后，他又急切地需要一个强有力的人来主持朝政，于是，史弥远拥有的权力越来越大，很快就超过了原来的韩侂胄，他不仅掌握了相权，还掌握着全国的军权，这个时候，他的政治手

芙蓉锦鸡图轴

腕耍得就更加纯熟了。他常常称病在家，但朝中的大事都必须由他决定，很多人为了求官都纷纷到他府中送礼。史弥远在政治方面虽然少有作为，不过他对韩侂胄执政时指理学为伪学、罢黜理学家的做法加以纠正，还赠给朱熹等人官职，召林大中、楼钥等故老十五人入朝，受到朝野的好评。

嘉定十三年（1220），皇太子赵询病死。第二年，宁宗的弟弟沂王的儿子赵竑被立为太子。这位皇子对史弥远独揽朝政十分反感，他曾经在自己的书桌上写下"弥远当发配八千里"的字样，还将史弥远称为"新恩"，表示以后他当了皇帝就要将史弥远流放新州（今广东新兴）或恩州（今广东阳江）。史弥远知道这些事后，心里害怕，决心要除去赵竑，以免除后患。

嘉定十七年（1224）八月，在宁宗病情危急时，史弥远声称皇上有密旨，将宗室之子贵诚立为皇子，改名昀。在宁宗驾崩的当晚，他与皇后密谋，将太子赵竑贬为济王，让赵昀接了皇帝位，他就是宋理宗。赵竑被贬到湖州后，史弥远仍不放过他，宝庆元年（1225）正月，因为有人谋立济王赵竑做皇帝，史弥远就派人逼赵竑自缢，并向外宣称他是病死的。宝庆三年（1227），史弥远被封为鲁国公，绍定六年（1233），食邑千户，封会稽郡王。史弥远辅佐宁宗十七年，理宗即位后，他又稳稳地做了九年宰相，历任两朝，擅权达二十六年之久。

史弥远当政期间，对金一直采取屈服妥协的政策，对国内民众则疯狂掠夺。他不仅收贿营私，还大量印造新会子，宣布不再以金、银、铜钱作为兑换，而只以新会子兑换旧会子，并且把旧会子折价一半。他的这一措施使会子充斥市场，币值跌落，物价飞涨，一时间民不聊生。

虽然独居高位，史弥远内心也害怕树大招风，况且朝中也有不少大臣对他独揽朝政、迫害济王很反感。理宗因为感激他拥立自己做了皇帝，对他当然是多加庇护，但史弥远依然多次上疏要求辞职还乡。在史弥远晚年时，发生了一起风波，几乎要了他的命。原来，史弥远想在自己的家乡找一块好的墓地作为将来的归宿，为此，他找了很多风水先生，最终看中了阿育王寺。史弥远自己也觉得很合心意，便下令在那年八月中秋节后把寺庙拆掉，在原址为自己建坟。阿育王寺的和尚们听到这个消息，都非常着急，寺里的方丈更是寝食难安。这时有个小和尚提出了一个办法，得到方丈允准。他们趁晚上的时候，在南宋都城临安的城门、宫墙和大街都贴上了一首诗："育王一块地，常冒天子气；丞相要做坟，不知主何意？"临安的老百姓对史弥远早就心怀怨恨，见了这首诗后都纷纷传言："史弥远要霸占天子气，要谋皇篡位了。"消息传进皇宫后，理宗心里也开始担心，他知道史弥远的为人，过去史弥远能够帮他坐上皇位，现在说不定也会篡夺他的皇位。于是，理宗把史弥远召进宫中，问他这是怎么回事。史弥远也生怕皇上翻脸，到时可能不光富贵保不住，恐怕被灭九族都有可能。他赶紧撒谎说："臣的坟墓早就选在大慈山了，诗中所言都是无中生有，望万岁明察。"就这样，阿育王寺被保留了下来，史弥远后来也真的葬在了东钱湖大慈山。

点评

宋孝宗是南宋少有的较有作为的皇帝。

孝宗登基后，定年号为"隆兴"，立志光复中原。他恢复岳飞谥号"武穆"，追封岳飞为"鄂国公"，并剥夺了秦桧的官爵。他命令张俊北伐中原，但准备不足，被金国打败，被迫于隆兴二年（1164年）和金国签订"隆兴和议"。第二年，孝宗改元"乾道"，任用王淮理财储蓄，以备将来收复河山。

乾道年间没有战事的干扰，再加上孝宗专心理政，宋朝廷一改高宗朝时贪污腐朽的局面，并出现了"乾淳之治"（乾：乾道；淳：淳熙）的小康局面。

禅位于光宗后，孝宗自称太上皇，闲居德寿宫，但光宗长期不去探望孝宗，孝宗闷闷不乐，因而病死。之后的皇帝都没能继承孝宗志愿，宋室日渐颓靡，终于亡国，可悲可叹。

相关链接

赵昚小传

赵昚（1127—1194），南宋第二位皇帝，宋太祖七世孙，初名伯琮，后改名瑗，赐名玮，字元永。他原来是太祖赵匡胤的次子赵德芳的六世孙，父亲为秀安僖王赵子偁。由于高宗无子，从宗族中选择了他作为后继者，成为高宗养子。绍兴三十二年（1162），高宗让位于赵昚，宋朝的皇位再次回到宋太祖的长房。淳熙十六年（1189）逊位，让位与儿子赵惇。赵昚于绍熙五年（1194）病逝，终年六十八岁，在位二十七年，庙号孝宗。

第九章 宋室覆亡

转眼繁华落尽，只留丹心照汗青。

一、贾似道误国

南宋的皇帝少有作为，开始时，由于有忠臣良将，统治尚能维持，到了后期，奸臣误国，宋朝越来越走下坡路了，到贾似道做宰相的时候，南宋更是一路走向灭亡。

贾似道是浙江台州人，他父亲贾涉年轻时买了一个有夫之妇胡氏做妾，后来，贾涉去江西当县丞时，胡氏生下了贾似道。不久，贾涉在妻子的逼迫下，将胡氏遗弃，胡氏后来改嫁给一个石匠，贾似道则跟随贾涉生活。贾涉在嘉定十四年（1221）升任淮东制置使，两年后就突然病死了，当时贾似道只有十一岁。

父亲死后，家道中落，贾似道无人管教，曾一度在社会上游荡，不务正业，和一群浪子在一起吃喝嫖赌，沾染了一身流氓习气。长大后，碰上皇帝赐官给大臣们的子孙，借着父亲生前的职位，贾似道在嘉兴（今浙江嘉兴）做了个司仓的小官。

理宗时，贾似道的同父异母的姐姐贾氏与天台人谢道清（就是后来南宋灭亡向元投降的谢太后）一起，被选入宫中。谢道清虽然长得比不上贾氏，却被立为皇后。贾氏因长得非常漂亮，渐渐得宠，在绍定五年（1232）被封为贵妃。贾似道靠着理宗对他姐姐的宠爱，被提升到京城做官。在京城，贾似道经常白天在妓女家里鬼混，夜间又通宵在西湖上泛舟艳游。有一天晚上，理宗登高眺望西湖夜景，见湖上灯火异常，他对左右说："这必定是似道。"次日前去询问，果然不错。理宗认为贾似道携妓浪游的行径太过于张扬，就派人对他提出警告。有臣子知道理宗宠爱贾妃，就乘机为贾似道说好话："贾似道虽有少年习气，然其才可大用也。"结果，贾似道没有受到惩戒，被理宗调离京城去做了澧州（今湖南澧县）知州。

贾似道非常善于玩弄权术，不断得到提拔，陆续升到两淮制置使兼淮东安抚使，任职于扬州（今江苏扬州）。到了宝祐四年（1256），他又做了参知政事。贾似道官大了，威风也就大了，这时，甚至连右丞相都惧他三分。

宝祐五年（1257），贾似道做了知枢密院事，并任两淮安抚使。在扬州的时候，他找到了生身母亲胡氏和她的再嫁石匠丈夫。他怕母亲改嫁的事影响自己的声誉，就叫石匠去长江上经商，然后派人将石匠淹死在江中，然后再把胡氏接回。

理宗时，宋朝联合蒙古消灭了金朝，此后，蒙古军就不断骚扰南宋。宝祐六年（1258）二月，蒙古大汗蒙哥决定调动三路大军全面侵宋。在进攻台州的时候，蒙哥攻城时被炮石打成重伤，不久就死了。忽必烈正向鄂州进兵，有人劝他赶快回到北方去争夺汗位。忽必烈说："我奉命来攻打宋朝，哪能空手回去？"于是强渡长江，把鄂州围住。

理宗听到消息后，非常慌张，派贾似道以右丞相兼枢密使领兵驻扎在汉阳（今湖北汉阳），准备增援鄂州。贾似道前往鄂州时，忽然听说前军遭遇蒙古兵，立刻吓得手足无措，连叫"死了，死了"，当他发现来的其实是南宋叛将储再兴带领的一支老弱残兵，这才又神气起来。当忽必烈一面急攻鄂州，一面扬言将向临安进军之时，贾似道万分惊恐，就秘密派遣宋京去向蒙古人求和，提出的条件是："北兵若旋师，愿割江为界，且岁奉银、绢各二十万。"忽必烈本来不准备议和，但因蒙哥一死，蒙古军内部人心动摇，他也准备撤军赶回蒙古去争夺汗位，见宋军前来求和，就乘机答应了议和条件，率领主力军回北方去了。此时，如果贾似道能够乘机反击，蒙古军肯定不能够轻松撤走。他见蒙古军主力已经不见了，就出动人马将落在后面的一百多个蒙古兵全都杀死，布置了一个大获全胜的场面。在向皇帝报告时，他隐瞒了向蒙古人求和答应纳币的事情："诸路大捷，鄂围始解，江汉肃清，宗社危而复安，实万世无疆之休！"理宗皇帝竟然对前线实况一点也不知道，在贾似道回朝的时候，他命令满朝文武百官都去京郊迎接他，还晋升贾似道为少师，封卫国公。

宋理宗死后，太子赵禥即位，即度宗。度宗封贾似道为太师，拜魏国

闸口盘车图

公。为了让度宗信任自己，贾似道故意要求告老回家，但同时派亲信散播谣言，说蒙古军又要打过来了。刚即位的度宗害怕，就苦苦留他。度宗专门给贾似道在西湖葛岭造了一座豪华的别墅。贾似道每天在葛岭过着享乐的生活，朝政大事，都是由官员到别墅去找他来决定。他自己则每五天坐西湖船入朝一次，以至当时有诗说："朝中无宰相，湖上有平章（指贾似道）。"此后，每当贾似道为了从度宗那里得到新的权力时，他就会以离职相威胁，而每次度宗总是一把鼻涕一把眼泪地挽留他。后来，度宗干脆给了他十日一朝的特权，而且每次退朝时，度宗都离开座位目送他走出殿廷，然后自己才走。

为了巩固自己的地位，贾似道不断排斥异己，他指使人弹劾左丞相吴潜，说吴潜反对立赵禥为太子，而且在抵抗元军的时候指挥失当。吴潜被削职后，贾似道又派人用毒药把吴潜毒死。他还用清查军费的名义，诬陷各地抗战将领侵吞官物，有的人因此被迫害致死，有的人被削去了官职。

同时，贾似道指使自己的幕僚撰写《福华篇》，来颂扬他在抗元战争中的功绩。景定元年（1260）七月，蒙古派国信使郝经来南宋，催征南宋交纳求和时答应的岁币。贾似道害怕阴谋败露，就秘密地让人把郝经拘留在边关上。

贾似道专权后，制定各种法令，加重对民众的剥削，致使南宋经济萧条。他以"富国强兵"为由，实行"买公田"法：按官品规定可以占田的限额，凡超出限数的，由官府买回，作为公田出租，然后收公田租米充军粮。买"公田"使南宋政府从民间掠夺到了大批粮食。有些地方官为了完成买田数额，就强迫没有达到限数的中小地主和自耕农卖田，使不少人破产失业。有官员曾经上书要求停止实行"买公田"，都遭到了贾似道的报复。贾似道还滥发纸币，造成了物价飞涨，使城市的商业遭受到巨大的破坏。

在襄樊被围的危急时刻，贾似道依然悠闲地躺在葛岭私宅中，过着荒淫无耻的生活。他不仅四处建楼阁亭榭，还弄了几个"养乐圃""半闲堂"，让道士在堂中供奉自己的塑像。他纳漂亮的宫女和美貌的妓女、尼姑为妾，还请来从前的赌友，关起门来赌个痛快，不许别人偷看。一次，他的一个侍妾的哥哥来贾府探看妹子，正站在大门口想进去，贾似道以为他是来偷看的，立即让人把他捆起来投入火中烧死。贾似道对身边的侍妾也非常残酷。一次，他泛舟西湖，有一名侍妾看见长相俊秀的游客，就赞叹说："多美的少年啊！"贾似道醋性大发，立刻叫人砍下了她的头。他还把砍下的头装在盒子里，捧给其他侍妾观看，以达到杀鸡儆猴的目的。贾似道还经常与自己的小妾一起蹲在地上斗蟋蟀玩，他甚至自己写了一本《蟋蟀经》，来描述自己养蟋蟀、斗蟋蟀的经验。一次，他和群妾正围作一团斗蟋蟀，他身边的一个狎客笑呵呵地拍着他的肩说："原来这是平章的军国重士啊！"贾似道喜欢奇玩珍宝，为了收集，他不择手段。他听说已故的兵部尚书余阶有很好的玉带殉葬，就派人掘坟取来。要是知道了谁有珍宝却不肯送给他，他就会将那人诬陷下狱。他建了很多宝阁贮藏自己收集到的宝物，每天都要登阁去玩赏一次。

所谓"善有善报，恶有恶报。不是不报，时候未到"。鲁港兵败后，谢太后虽想包庇贾似道，但顶不住朝臣的压力，将他贬为高州（今广东高州东北）团练使，派人监押到循州安置，并抄了他在临安和台州的家。负

第九章 宋室覆亡

责押送贾似道去循州的是绍兴府的一个县尉，叫郑虎臣，他曾经受过贾似道迫害，为了报仇，他主动要求担任押送官。贾似道这时依然不忘享乐，身边带了几十个侍妾，还有许多珍宝。郑虎臣一来到，立即将贾似道的侍妾遣散，并没收了他的珍宝。在押送途中，郑虎臣又命人撤去贾似道所坐轿子的顶盖，让他在烈日下烤晒。郑虎臣还让轿夫用杭州方言唱歌嘲骂贾似道。一路上，贾似道被折磨得苦不堪言。一天晚上，他做了个噩梦，预感到自己很快就要死了，就自己服冰片打算自杀。谁知吃了之后却没有死成，只是不断拉肚子。郑虎臣知道贾似道自杀以后，不想让他轻易地死去。当贾似道又一次上厕所的时候，郑虎臣走进厕所，扭住贾似道的前胸，将他的整个身体提起来，狠狠地向地上摔了几下，贾似道经不起折腾，一翻白眼，终于死了。

另一说是，元军已攻入临安，宋室王爷愤贾似道误国，于逃亡途中，提尚方宝剑斩杀贾似道。

宝顶山摩岩造像

二、孤儿寡母失国

贾似道和忽必烈签订和约后,回朝受到重赏。忽必烈抢到汗位,将国号改为大元,看自己的地位已经稳固下来,就派使节到南宋,要求南宋履行与贾似道所签的和约。贾似道怕事情败露,一面糊弄理宗,一面将元使扣留在边镇,不让他到临安见皇上。

皇帝理宗虽然不太英明,但他心里深知,国家已经危在旦夕。即便意识到这一点,他也不想振作治理,仍是每天喝酒取乐,得过且过。一天傍晚,他登上芙蓉阁,望着江上一片片向南推移的黑云,心情沉重,想到颓唐的国势,不觉掉下了泪来,回宫之后就病倒了,不久病逝。

不久,忽必烈调集重兵,专力围攻南宋。襄阳和樊城是宋朝的军事重镇,两者之间隔了一条汉水,这里防御工事非常牢固,粮备也较为充足。为了攻下襄樊,元军采取了长期围困的战略。他们在城外修筑长墙,将襄阳团团围住,使宋军的军饷运不进去,使里面的宋军也打不出来。如果襄阳失守,元军就可以长驱直下,攻入南宋腹地。此时的贾似道仍然在京城中享乐,并不组织力量增援襄樊。即位的皇帝度宗是个傻瓜,一点也不知道过问国事。一天，他突然对贾似道说："襄阳已经被围了三年了，你看应该怎么办？"贾似道回答说："元军早就已经退了，陛下您听谁说的？"度宗傻乎乎地笑着说："刚才听宫中的一个女人说的。"贾似道派人查出那个妃子的名字，不久就以其他的罪名将她处死了。以后，再也没有人敢向皇帝提起边境的战事。襄樊被围六年之后，城内局势已相当危急，城内军士甚至不得不拆掉屋子，好拿拆下来的木头烧火。贾似道看已经隐瞒不住了，就一边上书要求亲自带兵前去营救，一边指使手下上书皇帝，说国事繁重，宰相不可离朝，以使自己留在京城。咸淳九年（1273），元军切断襄阳与樊城之间的联系，并用巨石炮猛攻樊城，不久，樊城城破。对岸的襄阳守将吕文焕，眼看樊城失守，后方也没有一兵一卒前来支援，当外城被元军攻破的时候，吕文焕领军投降了元朝。

襄阳失守后，贾似道说起了漂亮话："我当初就多次请求出战，可是皇帝总是不许，如果我早日出兵支援，战局肯定不会到现在这个地步。"第二年六月，忽必烈正式发布讨宋诏书，开始全面进攻南宋。七月，度宗因为酒色过度，突然死亡。贾似道拥立年仅四岁的赵㬎当了皇帝，由谢太后临朝听政，并被尊为太皇太后。

面对元军南下，太学生和群臣上疏，一致要贾似道亲自督师抗元。贾似道不得已，只好在临安设立都督府。但他害怕打仗，总是找种种借口拖延出兵的时间。直到德祐元年（1275）正月，他才抽调各路精兵十三万，从水路出发。他带了大批金银财宝放在船上，这些船只首尾相接达一百多里。在经过安吉（今浙江安吉北）的时候，贾似道的座船因过于庞大，被拦河坝拦住，用了一千多个人下水去推也没有推动，只好换了个小船继续前进。许多南宋将领看了贾似道的大船，以为他是在准备逃跑，一时无心抵抗，转眼间就有几个州投降了元军。贾似道也不是真心来打仗，他派人前往元营求和，元朝不答应，他就准备了一艘快船，随时准备逃走。等两军在鲁港相接的时候，元军的炮声一响，宋军就已经吓得掉头就跑，转眼间溃不成军。大将孙虎臣、夏贵更是不战而走，乘小船狼狈逃往扬州。宋军被杀无数，军事物资和武器全被元军抢去。

贾似道兵败以后，朝野震动，群情激奋。原来依附贾似道的枢密使陈宜中，也上疏请诛贾似道。谢太后虽然竭力庇护贾似道，但最终没能保住他的性命，贾似道在被押往流所的途中被人杀死了。

鲁港之役使南宋部队损失惨重，更为重要的是宋军士气已极为低落。元军在伯颜的带领下于德祐元年（1275）十月从建康分三路向临安挺进。伯颜亲自率领中军进攻常州，两天后常州城被攻破，为了起到震慑作用，元军在城内进行大屠杀，全部守城军民只有少数人幸免于难。随后，当元军逼近平江时，宋军没有交战就献城投降了。

眼看蒙古铁骑逼近临安府，许多人尤其是朝廷的大小官员都在试图逃离京城，一夜之间就跑了几十名大臣。谢太后看大臣逃跑，心里气愤，下诏严厉谴责，说："我大宋朝建国三百余年来，对士大夫从来以礼相待。现在我与继位的新君遭蒙多难，你们这些大小臣子……不能为我纠击，二三执政又不能倡率群工，竟然内外合谋，接踵宵遁。平日读圣贤书，所许谓何！却于此时作此举措，生何面目对人，死何以见先帝！"然而，谴责并不能唤起内外官员抗元的决心。到德祐二年（1276）正月，皇帝上朝时，竟然只有六个官员出现在朝堂上。

此时的宰相陈宜中是个只会说些豪言壮语、一遇事又胆小畏缩的家伙，他本是由贾似道提拔进入朝廷，贾似道兵败以后，他却最先提出处死贾似道，来提升自己的声望。当有人提出迁都建议时，他竟然把那个人骗到自己家中杀害。在战事最为激烈的时候，朝野内外要求他作为宰相应亲自到前线督战，他却不肯出城。后来，他更是找借口离开临安，逃到了远离前线的南部沿海，要求朝廷在这一地区给他安排职务。谢太后请他回朝，被他拒绝，无奈之下，太后亲自给他的母亲写信。在母亲的劝说下，陈宜中才又回到了都城。这样的一个人当然不可能有什么作为，在他的主持下，宋朝已经越来越没有了后退的余地。

当文天祥、张世杰提出迁都到东南部地区，以背水一战时，胆小的陈宜中仍然否决了这项提议，一意只向元军求和。德祐二年（1276）正月十八日，谢太后派大臣杨应奎向元军献上降表和传国玉玺，请求伯颜对宋朝皇室从宽处理。当伯颜提出要与宰相会谈的要求时，陈宜中吓坏了，再一次抛弃太后和年幼的皇帝，当天就趁着夜里逃离了临安。

谢太后只好任命文天祥为右丞相兼枢密使，出使蒙古军营谈判。双方会见之后，伯颜传出话来，让别的使者先回临安去跟谢太后商量，却把文天祥留下来。随同文天祥到元营的贾余庆回到临安，把文天祥拒绝投降的事回奏

听琴图

谢太后。谢太后为了保全赵氏性命，一心投降，于是改任贾余庆做右丞相，再到元营去求降。

德祐二年（1276）二月初五，谢太后带着皇帝赵㬎出宫投降，受降仪式在皇城内举行，六岁的小皇帝宣布正式退位。三月二日，伯颜以胜利者的姿态进入临安，元军将宫里的珠宝和美女掠取一空。元世祖下达诏书，要伯颜将宋朝君臣送往大都，很快，小皇帝跟他的母亲全氏和少数侍从启程往北去了，谢太后因为有病在身，拖延了一段时间后也在元军的逼迫下前往大都。至此，这对孤儿寡母彻底离开了曾经属于自己的国都。

三、留取丹心照汗青

当蒙古铁骑南侵的时候，百万宋军一击即溃，这时，文天祥挺身而出，站到了抗敌的最前沿。

文天祥是吉州庐陵（今江西吉安）人，他的原名叫云孙，字天祥。选中贡士后，他以天祥为名，改字履善。宝祐四年（1256）中状元后，他又改字宋瑞，后号文山。他从小爱读历史上忠臣烈士的传记，立志要向他们学习。

文天祥在朝廷做官，发现朝政已被贾似道和一批宦官弄得一塌糊涂。

一次，蒙古军攻打南宋，宦官董宋臣劝宋理宗放弃临安逃跑，文天祥马上上了一道奏折，要皇上杀了董宋臣，免得动摇民心。因为这件事他被撤了职，后来，他又回到临安专门为皇帝起草诏书，但不久又得罪了贾似道，在他三十七岁那年，被朝廷勒令退休。

德祐元年（1275）正月，元军大举向南宋进攻，宋军的长江防线全线崩溃，恭帝下诏让各地组织兵马援助京都。文天祥听说后，立即捐出家里的财产充当军费，招募当地豪杰，组建了一万多人的义军，前往临安。当时有人劝他："现在元兵长驱直入，您带了这些临时组织起来的人马去抵抗，无异于羊入虎口，何苦自讨苦吃呢？"文天祥坦然地说："这个道理我是知道的，但是国家养兵多时，一到了危难的时候，却没有人为国出力，那才叫人痛心！我愿以死殉国，如果能够带动天下的忠义之士都起来保卫国家，朝廷还有保全的希望。"

朝廷委任文天祥为平江知府，命令他发兵援救常州，不过紧接着又改了命令让他去支援独松关。由于元军攻势猛烈，文天祥的支援行动并没有取得成功。

第二年正月，元军攻到临安，南宋的文武官员纷纷出逃。谢太后任命文天祥为右丞相兼枢密使，派他出城与伯颜谈判，想与元军讲和。文天祥到了元军大营后，被伯颜扣留。谢太后见大势已去，领着小皇帝赵㬎和群臣向元军投降。

文天祥像

元军虽然占领了临安，但江南许多地方还有抵抗军，元军首领伯颜想劝降文天祥投降，以用他的声望来尽快平定南方。文天祥宁死不屈，最后被押解往北方。当走到镇江的时候，文天祥趁看守不注意逃了出来，一路历经磨难，于景炎元年（1276）五月达福州。此时，南宋的大臣张世杰和陈宜中在这里拥立小皇帝赵㬎的哥哥——九岁的赵昰做了皇帝，继续打着宋朝的旗帜反抗元军。文天祥与朝中的张世杰和陈宜中意见相左，于是离开福州，到南剑州（今福建南平）率兵抗元。不久，文天祥又转移到汀州（今福建长汀）、漳州龙岩、梅州等地，和当地的抗元义军一起坚持抵抗。景炎二年（1277）夏，文天祥率军于江西打得元军大败，收复了不少州县。但随着元军更猛烈的进攻，文天祥兵败。为摆脱艰难处境，文天祥要求与朝廷会合，但遭到了张世杰的拒绝。同年冬天，元军大举进攻，文天祥兵败被俘。

　　此时，南宋小朝廷的军马集中到中厓山，元军首领张弘范押着文天祥来到这里，希望他写信招降张世杰。文天祥说："我自己不能保护父母，难道还能教别人背叛父母吗？"张弘范仍是强迫文天祥写信，于是，文天祥将自己前些日子所写的《过零丁洋》一诗抄录给张弘范。张弘范读到"人生自古谁无死，留取丹心照汗青"的诗句时，大为感动，就不再逼文天祥了。在元军的猛烈攻势面前，张世杰等人没能坚持多久，大臣陆秀夫背着宋末帝赵昺投海而死，张世杰的船又被击沉，落水牺牲。至此，元朝统一中国，南宋正式宣告灭亡。

　　文天祥被押往大都后，元世祖说："谁家没有忠臣啊？"于是命令手下对文天祥以礼相待，把他软禁起来，想要慢慢地劝降文天祥。

元世祖首先派降元的原南宋左丞相留梦炎前去劝降。文天祥看到留梦炎就是一阵大骂，留梦炎只好悻悻地离去。元世祖又让降元的宋恭帝赵㬎来劝文天祥，文天祥跪在地上，痛哭说："圣驾请回！"恭帝也是无功而返。这下元世祖生气了，下令将文天祥的双手捆绑，戴上木枷，关进兵马司的牢房。入狱十几天后，狱卒才将文天祥的手松开；又过了半个月，才给他褪下木枷。

然后，元世祖让丞相孛罗亲自审问文天祥。文天祥被押到枢密院大堂，只是对孛罗行了一个拱手礼，并不下跪。孛罗喝令左右强制文天祥下跪，文天祥竭力挣扎，坐在地上，始终不肯屈服。孛罗喝令把文天祥押回兵马司，他要上奏世祖杀掉文天祥，但世祖怕杀了文天祥，会使中原地区民心不服，就又把他关了起来。

文天祥被关的土牢环境非常恶劣，又矮又窄，阴暗潮湿，还时不时发出一阵阵的臭气。文天祥在这间牢房里写下了千古传诵的《正气歌》："天地有正气，杂然赋流形。下则为河岳，上则为日星。于人曰浩然，沛然塞苍冥……时穷节乃见，一一垂丹青。"在狱中，文天祥收到女儿柳娘的来信，知道妻子和两个女儿都在宫中为奴，过着囚徒一样的生活。文天祥尽管心如刀割，但不愿因妻子和女儿而丧失气节，他回信说："收柳女信，痛割肠胃。人谁无妻儿骨肉之情？但今日事到这里，于义当死，乃是命也。奈何？奈何！……可令柳女、环女做好人，爹爹管不得。泪下哽咽哽咽。"

元世祖与大臣商议，想用儒家思想来治国。元世祖问："南人和北人中，哪一个最贤能？"臣下回答："北人没有比得上耶律楚材的，南人没有比得上文天祥的。"于是，元世祖下了一道命令，打算授予文天祥高官显位。此时文天祥在监狱中度过了三年，当听到这些消息后，他仍选择了拒绝。元世祖亲自召见文天祥，打算劝降他。文天祥对元世祖也只是作了一个揖，并不跪下，元世祖也没有强迫他下跪，对他说："你在这里已经很长时间了，如果你现在能用效忠宋朝的忠心来效忠朕，那朕就给你一个中书省的位置。"文天祥回答："我是大宋的宰相。国亡当求速死，不愿久生。但愿一死足矣！"元世祖十分气恼，下令立即处死文天祥。

第二天，北风怒号，阴云密布，文天祥被押到了刑场。老百姓听到消息后，全都聚集过来，把刑场围了个水泄不通。文天祥戴着镣铐，神色从容。监斩官问他："丞相还有什么话要说？现在回奏还能免死。"文天祥喝道："死就死，没有什么可说的。"他问监斩官："哪边是南方？"有人给他指了方向，文天祥向南方跪拜了几下，说："我的事情完结了，开始吧！"于是从容就义。这一年，文天祥四十七岁。

点　评

两宋灭亡的契机有非常相似的地方。

北宋历代皇帝都想着收复燕云十六州，徽宗也是如此，于是趁着辽国衰落，与新兴的金国结为同盟，共同灭辽。结果，金国在占据了辽国后大举南下，俘虏了徽、钦二帝，北宋灭亡。

一百年后，蒙古在金国背后兴起，南宋朝廷则如北宋一样，又一次与蒙古结盟，来消灭先前的敌人金国。结果，失去了金国这道屏障，南宋完全暴露在蒙古铁蹄的威胁之下。

如果在蒙古崛起时，南宋和金国能够不计前嫌，携起手来共抗强敌，说不定在与蒙古的对抗中，两国还能有一番作为。

相关链接

赵昰小传

赵昰（1269—1278），南宋第八位皇帝，度宗的长子、恭帝的哥哥，曾被封为吉王。德祐二年（1276），元军进逼临安时，他由人护卫出逃福建。五月，在陆秀夫、陈宜中、张世杰等人的拥立下称帝，改年号为"景炎"。即位时年仅九岁。朝臣陆秀夫等坚持抗元，力图恢复宋朝。景炎三年（1278）三月，为躲避元将追逐，上船避入广州湾时坐船颠覆，落入海中。在位两年，庙号端宗。

附录一 蔚为大观的词文化

以词为最，以文名世。

在中国文学史上，有唐诗、宋词、元曲之说。词是宋朝文学的主要代表，是开路的急先锋。"词"从唐末兴起，经五代十国，到宋朝时已经达到全盛，出现了柳永、苏轼、李清照等一批著名词人。词的创作在宋朝极为繁盛，《全宋词》共收词人一千三百多家、词章近两万首，可见词文化在宋朝时的重要地位。

一、柳永：市井新声

柳永（987—1053），原名三变，字耆卿，崇安（今福建武夷山）人。他是工部侍郎柳宜的小儿子，少年时就擅长词曲，并流连在勾栏酒肆，为许多歌妓填词作曲，一派浪子作风。他曾到汴京应试，仁宗听大臣说起过他的为人，在看了他的考题后，批了四个字说："且去填词"。柳永看应试不成，只好自嘲自乐，自称为"奉旨填词柳三变"。从此，他在汴京、苏州、杭州等地过着流浪的生活，但随着年岁的增长，他少年时的狂妄逐渐消退，终于改名柳永，考取了进士，并在浙江的桐庐、定海等地做了几任小官。晚年死于润州（江苏镇江）。

柳永是北宋第一个致力写词的作家，他的《乐章集》中收录了近二百首词作，其中主要描写了北宋汴京的繁荣，与妓女交往的狂荡生活等。柳永对那些聪明但不幸的歌妓怀有深切的同情，他在词中与她们共同体验江湖流落的感受。如著名的《雨霖铃》一词："寒蝉凄切，对长亭晚，骤雨初歇。都门帐饮无绪，方留恋处，兰舟催发。执手相看泪眼，竟无语凝咽。念去去千里烟波，暮霭沉沉楚天阔。多情自古伤离别，更那堪冷落清秋节。今宵酒醒何处？杨柳岸晓风残月。此去经年，应是良辰好景虚设。便纵有千种风情，更与何人说！"

这首词精妙地描写了柳永与歌妓难舍难分的情景和分别后寂寞生涯的设想，感情十分真挚。

柳永的词在宋元时期非常流行，有"凡有井水饮处，即能歌柳词"之说，可见市民阶层对柳永的喜爱。

二、苏轼：铜琶铁板，千古风流

苏轼（1037—1101），号东坡居士，字子瞻，眉州眉山（今属四川）人，与父苏洵、弟苏辙合称"三苏"，为唐宋八大家之一。他在文学艺术方面堪称全才。嘉祐年间中进士，神宗时曾任祠部员外郎，因反对王安石的新法而求外职，任杭州通判，知密州、徐州、湖州。后来他因为作诗讥讽朝政而被贬到黄州。哲宗时，苏轼在朝中任翰林学士，曾出知杭州、颍州等，官至礼部尚书。后又被一贬再贬至海南。徽宗登基后大赦天下，苏轼得以北还，途中病死在常州。南宋时追谥文忠。

在词的创作上，苏轼突破了柳永以来"词必香软"的樊篱，创作了一批风貌一新的词章，为词体的长足发展开拓了道路。在内容方面，苏轼扩大了词反映社会生活的功能，他不仅写爱情、离别、旅游等传统题材，而且还抒写报国壮志、农村生活、贬居生涯等，扩大了词境。苏轼的词气势豪迈，笔力劲拔，格调大都雄健顿挫、激昂跌宕。如《念奴娇·赤壁怀古》一词中写道："大江东去，浪淘尽，千古风流人物。故垒西边，人道是：三国周郎赤壁。乱石穿空，惊涛拍岸，卷起千堆雪。江山如画，一时多少豪杰……"其词气势雄浑，境界开阔，需要铜琵琶、铁绰板来伴唱。这对于原来只适宜于用红牙拍板、女儿歌喉的传统词作无疑是一个重大突破。

苏轼不仅以词著称，在诗和散文方面也有极高的成就，他的创作被认为是北宋文学的最高成就。

苏轼像

三、秦观：婉约的居士

秦观像

秦观（1049—1100），字少游、太虚，号淮海居士，高邮人。他的文辞深为苏轼所赏识，是"苏门四学士"之一。哲宗元祐初年，在苏轼的大力推荐下，秦观除太学博士，并兼任国史院编修官。秦观在政治上倾向于旧党，被人认为是元祐党人。绍圣初年，新党执政，他因政见不同，连遭贬斥，最后死于滕州。

秦观虽然出生于地主家庭，但家道没落，田园的收入已经不足以自养。青年时期，秦观客游汴京、扬州、越州等地，和当时的文士一样，他曾经和当地一些歌妓往来，为她们写了不少词。秦观的词作中多有男女情爱，不过他并不流于俗，通常能表现出新鲜别致的意境，如《鹊桥仙》一词："纤云弄巧，飞星传恨，银汉迢迢暗度。金风玉露一相逢，便胜却人间无数。柔情似水，佳期如梦，忍顾鹊桥归路？两情若是久长时，又岂在朝朝暮暮？"通过对牛郎织女一年一度相会的描述，以超人间的形式表现了人间男女的两情相悦的快乐与哀愁。

秦观善于通过凄迷的景色、婉转的语调表达感伤的情绪，风格委婉含蓄，清丽雅淡，向来被认为是婉约派的代表作家，对后来的词人如李清照、纳兰容若等人都有重要的影响。

四、周邦彦：词家之冠

周邦彦（1056—1121），字美成，号清真居士，钱塘（今浙江杭州）人。他少年时落魄不羁，曾经沿长江西上，客游荆州。后来，周邦彦到太学读书，因为献《汴都赋》受到赏识而踏入仕途。徽宗时曾设大晟府，任用一批词人来审音定乐，歌咏升平，周邦彦就在大晟府任官，为王朝制礼作乐。

由于早年的生活经历与柳永非常相似，周邦彦在词的创作方面，也主动向柳永学习。只是与柳永的词相比，他的作品浪子气息要淡些，帮闲的意味更浓。当然，与柳词相比，他的词句显得更加工丽，音律也更加严格，章法的变化也多些。如词作《少年游》："并刀如水，吴盐胜雪，纤手破新橙。锦幄初温。兽烟不断，相对坐调笙。低声问：向谁行宿？城上已三更。马滑霜浓，不如休去，直是少人行！"

周邦彦的词中的内容大部分都是艳情与羁愁，这些作品既流露了他自己的生活情趣，也非常符合当时纵情声色的士大夫们的口味。周邦彦喜欢用代词，常用"凉蟾"来代替月亮，用"凉吹"来代表风等。

五、李清照：帘卷西风，人比黄花瘦

李清照像

李清照（1084—1157），号易安居士，山东济南人。宋代女词人，婉约词派代表。她的父亲曾以文章受知于苏轼，母亲也是个知书能文的才女，这使得李清照从小就有良好的家庭教育。在和太学生赵明诚结婚后，夫妻双方共同校勘古书，唱和诗词，生活比较美满。李清照在这一段时期的词作主要描写了她在少女、少妇时期的生活，如《如梦令》中活泼而有趣的生活："常记溪亭日暮，沉醉不知归路。兴尽晚回舟，误入藕花深处。争渡，争渡，惊起一滩鸥鹭。"还有表现与丈夫离别时寂寞心绪的《醉花阴》："薄雾浓云愁永昼，瑞脑消金兽。佳节又重阳，玉枕纱厨，半夜凉初透。东篱把酒黄昏后，有暗香盈袖。莫道不消魂，帘卷西风，人比黄花瘦。"

靖康二年（1127），李清照和赵明诚相继避兵江南，途中遗失了珍藏的大部分金石书画。后来赵明诚又病死建康，李清照就辗转漂流于杭州、越州、金华一带，晚年生活孤苦。

她这一时期的词作大都表达对现实的担忧和生活的凄凉。如《永遇乐》："落日熔金，暮云合璧，人在何处？染柳烟浓，吹梅笛怨，春意知几许。元宵佳节，融和天气，次第岂无风雨？来相召，香车宝马，谢他酒朋诗侣。中州盛日，闺门多暇，记得偏重三五。铺翠冠儿，捻金雪柳，簇带争济楚。如今憔悴，风鬟雾鬓，怕见夜间出去。不如向帘儿底下，听人笑语。"

李清照在创作中善于用白描手法，语言清丽。在关于词作的论述中，她强调协律，崇尚典雅、情致，提出词"别是一家"之说，反对以作诗文之法作词。

宋·钧窑玫瑰紫海棠式花盆

六、陆游：小太白

陆游（1125—1210），字务观，自号放翁，越州山阴（今浙江绍兴）人。他的父亲陆宰曾经在宋朝做官，颇有民族气节，朝廷南渡后，他就回到了家乡，不再从政。陆游受家庭的影响，从小就立下了抗战复仇的壮志。二十九岁时参加进士考试，名列前茅，但因在秦桧等人前大谈"恢复论"而被除名。孝宗时，皇上赐他进士出身，开始走上仕途，历任夔州通判，提举江南西路常平茶盐公事，权知严州等地方官，后来做过朝议大夫、礼部郎中。六十五岁那年再度被罢官，此后回老家闲居，终年八十六岁。

陆游像

陆游一生坚持抗金主张，虽多次遭受投降派的打击，但爱国之志始终不渝，死时还念念不忘国家的统一。陆游的主要文学成就在诗歌创作上，他一生写诗六十年，保存下来就有九千三百多首。除了诗之外，他的词也风格多样并有自己的特色。有些词作清丽缠绵，有些词则抒发着深沉的人生感受，寄寓着高超的襟怀，或苍凉旷远，或寓意深刻，如《卜算子》："驿外断桥边，寂寞开无主。已是黄昏独自愁，更著风和雨。无意苦争春，一任群芳妒。零落成泥碾作尘，只有香如故。"

他还有些词作写得慷慨雄浑，荡漾着爱国激情，和他的诗作非常相似。而他的诗作风格豪放、气魄雄浑，和李白非常相似，所以又有人称他为"小太白"。

七、辛弃疾：呼唤英雄

辛弃疾（1140—1207），字幼安，号稼轩，历城（今山东济南）人。在辛弃疾出生的时候，山东已被金兵占领。他在21岁时参加抗金义军，不久前往南宋，历任湖北、江西、湖南、福建、浙东安辅使等职。任职期间，辛弃疾采取积极措施，召集流亡百姓，训练军队，奖励耕战，打击贪污豪强。他一生坚决主张抗金，恢复中原。但是，他所提出的抗金建议都

辛弃疾醉里挑灯看剑

没有得到采纳，并遭到主和派的打击，因此长期落职闲居在江西上饶、铅山一带。晚年时曾一度被召至朝廷，不久病卒。

他的词作结集为《稼轩词》，共收录了六百二十多首，无论数量还是质量，在两宋几乎都无人匹敌。辛弃疾的词抒写力图恢复国家统一的爱国情怀，倾诉壮志难酬的悲愤，也有不少吟咏祖国河山的作品。如《水龙吟》中写道："楚天千里清秋，水随天去秋无际。遥岑远目，献愁供恨，玉簪螺髻。落日楼头，断鸿声里，江南游子。把吴钩看了，栏杆拍遍，无人会，登临意。"作者通过看吴钩宝剑、拍遍栏杆的动作，生动表现了英雄无用武之地的悲愤心情。

辛弃疾的词作艺术风格多样，而以豪放为主，热情洋溢，慷慨悲壮，笔力雄厚，与苏轼并称"苏辛"。

八、散文的第二次中兴

北宋初年，骈文仍然在文坛上占统治地位。许多有识之士以复兴古文为己任，对骈文流行的危害进行了深刻的批判。柳开是宋代倡导古文的第一人，他以继承韩愈、柳宗元文章为己任，和王禹偁、穆修、石介等人一起用通俗顺畅的语言写出了许多优秀的散文作品。宋仁宗中期以后，与政治改革的风潮相伴随，古文运动蓬勃兴起，文坛领袖欧阳修等人成为古文运动的中坚力量，他们即是"唐宋八大家"中的六家：欧阳修、苏洵、苏轼、苏辙、王安石、曾巩。他们指出复兴古文就是为了传承孔孟之道。他们继承了韩愈"文从字顺"的文风，在他们创作的带动下，接近当时口语的文言文终于取代了汉魏以来的骈体文。

欧阳修强调文以载道，强调"道"寓于文章之中，力戒文章内容的浮薄空泛，树立了平易流畅、逶迤婉转的文章风格。欧阳修的记叙文善于用简练的笔墨渲染出浓重的抒情氛围，善于通过委婉的语言将情感融入描写的人、事、景当中。他的《醉翁亭记》通过对风景的一唱三叹，形象地表达了作者的抑郁情怀，具有很高的艺术水平。

苏轼是宋代古文创作的另一位代表人物，他强调文道合一，重视文章的艺术性，讲究平易自然、文从字顺。他的政论、记叙文和小品文都充满着纵横捭阖的豪气，文章结构以及语言风格跌宕起伏，令人目不暇接。在作品《石钟山记》中，他的描写绘声绘色，将说理恰到好处地融入景物之中。尤其是对石钟山夜景的描写，寥寥数笔，就使人产生了身临其境的感觉。苏轼的散文创作对后世的文人产生了很大的影响，他的文章往往成为文人学子描摹的范本，以至于民间都说："苏文熟，吃羊肉；苏文生，吃菜羹。"

"丁都赛"戏曲雕砖

附录二 宋代的科技与建筑

对科技善加利用，才能保证长治久安。

一、三大发明与科技新成就

我国古代四大发明中的火药、活字印刷术和指南针都是宋代科学技术发展的卓越成就。

火药,起源于道士的炼丹活动,北宋初年开始应用于军事。宋朝与辽、金的战争推动了火药武器的进步,火药各种成分的配比更趋科学合理。南宋时出现了管形火药武器"长竹竿火枪",作战中一人持枪,一人点燃枪管中火药,发火烧毁敌方的攻城器械或烧伤敌人,体现了较高的技术水平。

活字印刷术是北宋庆历年间(1041—1048)由布衣毕昇发明的,方法是用胶泥做成单个的活字,入火烧硬,排版时在一特制的铁板上放置大于印刷版面的铁框,把松脂、蜡和纸灰诸物平摊在铁框内,把泥活字依次排在铁框内,然后加热铁板,使松脂诸物熔化,用平板把活字字面压平,待松脂等冷却后,即可在字面上着墨印刷,完毕后再加热铁板,取下活字,以备再用。活字印刷术在北宋的印刷业得到了广泛的运用。

中国人在战国时代就已经掌握了磁性材料指极的原理,名叫"司南"

的指向仪器就是用天然磁石琢成勺状，放在标有方位的"地盘"上使用。北宋时人们发明了人工磁化技术和磁针的装置、使用方法（磁针即指南针）。沈括更是在实验中发现了地磁偏角现象，使我国成为最早记录地磁偏角的国家。指南针在北宋时就已经广泛应用于海上航行了。

宋代也是中国传统天文学重要的发展时期。北宋一代先后进行过五次大规模的恒星观测，取得了大量新的数据。两宋时期更是先后十六次修订历法，南宋杨忠辅主持修订的《统天历》的回归年长度为365.2425天，被元代郭守敬编制《授时历》时所采用，这与当今世界通用的格列高利历的数值是一致的。

宋哲宗时，苏颂和韩公廉设计制造了水运仪象台，它是一座三层的木结构建筑，上层为屋顶可以开合的平台，装有观测天体的浑仪，中层为演示天象的浑象，下层为钟鼓钲、木人等自动报告时、刻、日出、日落时间的系统。全部仪器以漏壶流水为动力，驱动一整套齿轮、杠杆、水车等机械装置，集观测、演示天象和计时报时等多种功能于一身。为了克服机轮运动产生的加速度，他们在水车上安装了类似如今机械钟表上的擒纵器部件，以使整台仪器保持恒速运转，与天体运行完全合一。可见，宋朝时在天文仪器的制造方面已经达到了很高的水平。

二、宋代的建筑

宋朝时的建筑仍以木结构为主，与唐代建筑相比，规模上不再过于追求宏大雄伟，而是在建筑风格上趋于纤巧、华丽和富于变化。宋代的建筑是中国古代以木结构为主的建筑技术走向成熟的标志。北宋初年的喻皓撰写了《木经》一书，此书对于木结构建筑中各部分构件的规格及相互间的比例关系作出规定，成为当时木结构建筑的准则。而李诫的《营造法式》更是涉及工程结构学、测量学、材料力学等广泛的领域，李诫基于对材料受力性能的认识，提出了木结构建筑各部件的比例关系，总结出严格完善的模数制度，对于加强木结构建筑的纵向、侧向及整体的稳定方面都有切实可行的措施。李诫还从实际出发，编制出木结构建筑中各工序的用工和材料消耗的定额，并结合"各作制度"绘制了各种结构、构件、装饰的图样193幅。《木经》和《营造法式》对后世建筑技术的发展产生了重要影响。

无论是宋朝统治的中原地区，还是辽、夏、金统治的边远地区，都修建了许多风格独特的佛教建筑——佛塔。辽、宋以后的佛塔多为仿木结构的砖石塔，并多采用平面八角形，也有六角形的，在外观形式上又以模仿木结构楼阁式为常见，如著名的杭州六和塔、苏州报恩寺塔等。辽、宋佛塔相比唐代佛塔有了很大的进步，在内部结构的设计上，由原来的空筒式结构改为外壁、楼层、楼梯互为牵连的套筒式结构，使塔身更加稳固。今存于山西应县佛宫寺的释迦塔是我国现存最早的木结构佛塔，建于辽清宁二年（1056），它的平面为八角形，五层六檐，高约67米，在暗层的内外槽柱之间有斜撑、短柱和梁，这样的结构提高了塔身的整体稳定性。塔中光斗拱就有六十多种，该塔历经九百多年而依然巍然屹立，可见当时人们高超的建筑技术。

桥梁建造技术在辽宋时期也有了许多创新。汴京东水门外的虹桥，全部用"巨木虚架"成拱，结构简洁，造型优美，就像天上挂着的一条彩虹，是宋代建桥工匠的艺术杰作。金朝在永定河上建造的卢沟桥，长约212米，宽约8米，11孔。在设计上采用了拱与拱相连的"连续拱"，即相邻的两个拱共用一个拱脚，使全桥的拱联成一个整体，大大减小了洪水和冰凌的冲击，增强了桥身的坚固性。桥两侧的栏杆和望柱上还雕五百个姿态优美、造型各异的石狮子，具有极高的艺术价值。

附录三 宋朝历代皇帝年表

宋（960年—1279年）

北宋（960年—1127年）

帝王（姓名）	年号（在位时间）	即位时间
太祖（赵匡胤）	建隆（4）	960
	乾德（6）	963
	开宝（9）	968
太宗（~光义，本名匡义）	太平兴国（9）	976
	雍熙（4）	984
	端拱（2）	988
	淳化（5）	990
	至道（3）	995
真宗（~恒）	咸平（6）	998
	景德（4）	1004
	大中祥符（9）	1008
	天禧（5）	1017
	乾兴（1）	1022
仁宗（~祯）	天圣（10）	1023
	明道（2）	1032
	景祐（5）	1034

帝王（姓名）	年号（在位时间）	即位时间
	宝元（3）	1038
	康定（2）	1040
	庆历（8）	1041
	皇祐（6）	1049
	至和（3）	1054
	嘉祐（8）	1056
英宗（~曙）	治平（4）	1064
神宗（~顼）	熙宁（10）	1068
	元丰（8）	1078
哲宗（~煦）	元祐（9）	1086
	绍圣（5）	1094
	元符（3）	1098
徽宗（~佶）	建中靖国（1）	1101
	崇宁（5）	1102
	大观（4）	1107
	政和（8）	1111
	重和（2）	1118
	宣和（7）	1119
钦宗（~桓）	靖康（2）	1126

南宋（1127年—1279年）

帝王（姓名）	年号（在位时间）	即位时间
高宗（赵构）	建炎（4）	1127
	绍兴（32）	1131
孝宗（~昚）	隆兴（2）	1163
	乾道（9）	1165
	淳熙（16）	1174
光宗（~惇）	绍熙（5）	1190
宁宗（~扩）	庆元（6）	1195
	嘉泰（4）	1201
	开禧（3）	1205
	嘉定（17）	1208
理宗（~昀）	宝庆（3）	1225
	绍定（6）	1228
	端平（3）	1234
	嘉熙（4）	1237
	淳祐（12）	1241
	宝祐（6）	1253
	开庆（1）	1259

帝王（姓名）	年号（在位时间）	即位时间
	景定（5）	1260
度宗（~禥）	咸淳（10）	1265
恭帝（~）	德祐（2）	1275
端宗（~昰）	景炎（3）	1276
帝昺（~昺）	祥兴（2）	1278

丛书参考文献

[1] 冯静荪，李君.资治通鉴谋略大典[M].郑州：中州古籍出版社，1993.

[2] 司马光.资治通鉴精华[M].北京：九州出版社，2005.

[3] 司马迁.史记[M].长沙：岳麓书社，1988.

[4] 班固.汉书[M].郑州：中州古籍出版社，1996.

[5] 范晔.后汉书[M].郑州：中州古籍出版社，1996.

[6] 《四书五经》[M].长沙：岳麓书社，1998.

[7] 陈晋.毛泽东评点二十四史[M].北京：时事出版社，2011.

[8] 冯梦龙.东周列国志[M].长沙：岳麓书社，1990.

[9] 卢定兴，王良.五千年帝王历史演义[M].北京：京华出版社，2009.